ケンドー・ナガサキ自伝

桜田一男／著

辰巳出版

まえがき――『剣道』と『長崎』

テリー・ファンクからの提案は、突然だった。

「サクラダ、そのマスクを脱いで新しいキャラクターに生まれ変わるんだ。俺たちは、ビッグなヒールを必要としている。このアイディアは、必ずウケるはずだ」

時は1982年。その頃、俺は中国系マスクマンのチャン・チュンとして、アメリカのフロリダ地区で仕事をしていた。当時、このテリトリーのブッカーはドリー・ファンク・ジュニアとテリー・ファンクだった。テリーは、言葉を続ける。

「古来から日本に伝わる武道の『剣道』とアトミック・ボムの被爆地となった『長崎』を合わせて、名前はケンドー・ナガサキだ。髪型は、サムライの落武者のような感じにしてくれ。そして、顔にはペイントをするんだ。コスチュームとして、剣道の防具をすぐに日本から取り寄せてくれないか」

ケンドー・ナガサキ――。それが俺の新しいリングネームだった。

俺はそれまで剣道など一度もやったことはなかったし、生まれも育ちも北海道だから長崎には縁もゆかりもない。日本人の俺からすれば、その2つを組み合わせることも意味不明なのだが、ブッカーに言われたなら従うまでだ。プロレスビジネスとは、そういうものである。俺はテリーの指示に、「イエス」とうなずいた。

後から知ったのだが、元々イギリスにケンドー・ナガサキという同名のレスラーがいて、そいつはマスクマンだという。一方、俺はザンバラ頭のペイントレスラーだ。

この本を手に取るようなプロレスファンには説明するまでもないだろうが、ザ・ファンクスの2人は全日本プロレスのリングで絶大な人気を誇り、何度も来日していたから、他の外国人レスラーよりも日本の文化に詳しい。テリーは日本に来た時にテレビの時代劇で目にした落武者の姿が強く印象に残っており、それを俺にギミックとして提案してきたのだ。ただし、髪の毛は急には伸びないから、とりあえず頭頂部を剃り、周りは徐々に伸ばしていくことにした。

ペイントの模様は特に指示がなく、あれは自分なりに考えたものだ。汗をかいても色が落ちない女性用の口紅やマスカラを使い、いつも同じ模様を描くのではなく、日によって変化を加えるようにした。

ペイントをするようになって困ったのは、逆に色が落ちないことだ。試合が終わって顔を洗っても、これがなかなか綺麗に取れない。そのまま外に出るわけにもいかないから、ベビーオイルを付けてゴシゴシこすると、いつも顔が真っ赤になってしまった。

剣道の道具一式は当時所属していた全日本プロレスの事務所に連絡し、ちょうどジャイアント馬場さんがジャンボ鶴田と天龍源一郎を連れてフロリダへ遠征に来ることになっていたので、その際に同行するスタッフに届けてもらった。

当時は柔道や空手と比べると、剣道はアメリカではほとんど知られていなかった。だから、ヨーロッパのプレートアーマーとは異なる世界観を持つ剣道ならではの面と道着、そして竹刀はアメリカ人の目にさぞかし神秘的に映ったに違いない。

剣道着と面を着用しての入場シーンは、ひとつの見せ場である。プロレスは、試合以外での立ち振る舞いも重要だ。テリーからも「試合が始まる前に、何かセレモニーをやるようにしてくれ。ここで観客の度肝を抜くんだ」と注文を出されていた。

プロレスラーになる前に柔道や相撲の経験はあったものの、先ほども言ったように剣道はまったく未知の世界だ。道着を着るのも、面を付けるのも、この時が本当に初めてだった。さすがに本物の剣道家のような立ち振る舞いはできないから、自己流に竹刀を振り回してみたり、相撲の四股を踏んだりして、お客の期待感を煽った。

表情が見えず、どこか冷酷さを感じさせる面を取ると、中からはザンバラ頭と気味の悪いペイントに彩られた顔が現れる。おどろおどろしい見た目のインパクトで、お客はケンドー・ナガサキがヒールであることをすぐに認識する。そして、客席からは激しいブーイングが飛ぶ。

キャラクター設定はテリーから細かい指示が入っていたが、ファイトスタイルは俺に一任されていた。そこで俺はオリエンタルなムードを出すべく、武道のイメージを強調することにした。それまでフィニッシュホールドにはボストンクラブやパイルドライバーを使っていたが、ケンドー・ナガサキに変身してからは空手を連想させるトラースキックに変えた。

同時期にアメリカでオーバーしていたザ・グレート・カブキこと高千穂明久さんと同じく、試合では毒霧を使うこともあった。これもテリーから、「カブキのようにアジアン・ミスト（現地での呼称）を噴くことはできるか？」と指示されたものだ。

毒霧を噴くのは、お安い御用だった。高千穂さんとは以前にテキサスのダラス地区でコンビを組んでいて、その姿を間近で見ていた。

今は多くのレスラーが毒霧をギミックとして使っているようだ。あの毒霧には、「仕込み方」というものがある。実は、それを考えたのは俺なのだ。ダラスにいた頃に毒霧の失敗しない仕込み方をあれこれ思案していた高千穂さんにそのやり方をアドバイスしたのだが、それが代々受け継がれたようだ。

俺は緑色の毒霧を使っていた。成分はフードカラーだ。毒霧はヘタな奴がやると、うまく噴けずにそのまま飲み込んでしまうこともある。うっかり飲み込んでも害はないが、翌日は便が緑色になってしまう。俺は相撲をやっていたから、力水の応用で最初から毒霧は綺麗に噴けた。

82年2月28日、フロリダ州オーランドでケンドー・ナガサキは最初の一歩を踏む。相手はエリック・エンブリーというレスラーだった。この日の俺の仕事は突如現れた謎のオリエンタルヒールとして、お客に恐怖心を与え、大きなインパクトを残すことだ。

アメリカ人にとっては得体の知れない剣道という武道とその衣装。落武者の髪型と不気味なペイント。そして、キックや毒霧を交えたファイトスタイル——。俺は自分なりに与えられた役目をリング上で表現したつもりだ。それまでも北米の各テリトリーでトップヒールとしてやってきたから、ヒートの取り方は心得ている。

試合を勝利で飾り、バックステージに戻ると、ドリーとテリーが興奮気味に俺を迎えてくれた。

「サクラダ…いや、ケンドー、ベリーグッドだ！　これからも、その調子で頼むぞ」

どうやら2人の期待には応えられたようだ。おそらく、ここでも上を取れるだろう。

こうして俺の人生に新たな1ページが刻まれた。それはプロレスの世界に飛び込んで11年目、33歳の時のことだった。

82年２月に俺はアメリカのフロリダ地区で『ケンドー・ナガサキ』に変身し、
トップベビーフェースのダスティ・ローデスと抗争を展開した。

G SPIRITS BOOK Vol.8

ケンドー・ナガサキ自伝

第1章　子供の頃、俺は網走刑務所で遊んでいた

１９４８年（昭和23年）９月26日、俺は父・久一と母・岸子の長男として北海道の網走市で生を受けた。俺の戸籍上の本名は「櫻田一男」になるが、この本では通りのいい「桜田」にしておこう。

網走と聞いて多くの人が連想するのは、刑務所ではないだろうか。日本の最北端に位置する網走刑務所は、再犯者や暴力団構成員など犯罪傾向の進んだ者、いわゆる凶悪犯が収監される場所だ。高倉健主演の任侠映画『網走番外地』シリーズの舞台としても知られている。そんなことから、「怖い土地」という印象を持つ人もいるかもしれない。

俺の親父は、この網走刑務所にいた。とはいっても、罪を犯して服役していたわけではない。刑務官として勤務していたのだ。もっと言えば、祖父も刑務官だ。俺が住んでいたのは目の前にある官舎で、玄関を出て３分も歩いたら刑務所という環境だった。

親父の仕事の関係上、俺は子供の頃に刑務所の中に入って受刑者たちと一緒に遊んだこともある。その頃、受刑者のレクリエーションとして月に一度、刑務所内で映画の鑑

賞会が催されていた。その時は受刑者たちの列の一番後ろに座って、官舎に住んでいる友達と一緒に観ていた。娯楽が少ない中で、大画面で映画を観ることは官舎の子供たちにとって楽しみのひとつだった。

刑務所で一緒に食事をする機会もあったし、受刑者たちとは普通に接していたから、俺の中で彼らが怖いという印象はなかった。受刑者の中には手先が器用な人もいるから、俺たちはおもちゃのソリや船を作ってもらったりもした。

今だから言えることだが、そういう時は親の目を盗んで家にあった飴玉やタバコを持ち出し、お礼にあげたりしていた。いくら昔の話とはいえ、もしバレたら親父は刑務官をクビになっていたかもしれない。

刑務所の中には柔道場もあり、学校が終わった後はここに行って教わっていた。柔道で身体を鍛えていたことが、後に相撲界からスカウトされることに繋がる。

ここ網走はオホーツク海に接しているから、冬は本当に寒い。気温がマイナス15度くらいになることも頻繁にあり、そういう部分では厳しい生活を送っていたことになる。大人たちは雪を歓迎しないが、子供にとっては絶好の遊び道具だから、よく雪合戦をやって遊んだ記憶がある。小さい頃から、身体を動かすのは好きだった。

網走第二中学時代の記念写真。後列中央が俺で、他の生徒たちと比べると、ズバ抜けて大きかった。

父も母もそれほど大柄というわけではないが、俺は幼稚園の時から他の同級生よりも頭ひとつ大きかった。スポーツも得意な方で、いろいろな競技の助っ人として、よく駆り出されたものだ。

特に相撲は敵なしだった。住んでいた官舎の横には神社があり、そこの広場に土俵があった。町内で相撲の大会が開かれると、景品としてノートや鉛筆がもらえる。自慢ではないが、いつも大会でいい成績を残していたから、俺は文房具を買ったことがない。

そして中学3年の時、俺のもとに東京から大相撲のスカウトが来た。その頃、すでに身長は188センチ、体重も100キロ近くあった。当時の新弟子検査は確か173センチ、70キロで合格だったから、俺の体格は文句なしだ。

勧誘に来たのは、あの大横綱・大鵬をスカウトしたという男性の老人と、同じ網走出身の元関脇・北の洋の2人だった。前者は二所ノ関部屋、後者は立浪部屋である。つまり2つの部屋から同時に誘いが来たのだ。それまで柔道の他に陸上の砲丸投げもやっていたし、運動神経はいい方だったと思う。相撲の強さにも自信があったが、それでも東京から1000キロ以上も離れた網走まで中学生をスカウトに来るとは驚きだった。

俺は大相撲の世界に挑戦してみたいと思ったが、家族は反対だった。前述のように、ウチは祖父の代から刑務官の家系であり、俺は桜田家の長男である。俺自身も大人になったら網走刑務所の刑務官になるものだと思っていたし、祖父や父もそのつもりだった。官舎に住む先輩や同級生も、後にみんな試験を受けて刑務官になった。

最終的に俺は家族の意見を突っぱね、「相撲をやりたいから東京に行く」と押し切った。誘いがあった2部屋のうち、俺が選んだのは立浪部屋である。理由は北の洋が網走の人間ということもあったし、部屋には他にも網走出身の先輩力士がいたからだ。もしも、この時に二所ノ関部屋を選んでいたら、天龍源一郎と同門になっていたことになる。

63年11月に俺は両親と妹2人を網走に残し、上京した。北海道から出ること自体が初めての体験で、飛行機に乗るのも当然初めてだったから、かなり興奮したことを憶えている。立浪部屋に入門してから、俺は中学校には通っていない。網走の中学校からは「卒業証書を出すから、相撲の世界で頑張れよ」と言われて、東京に送り出された。要は中退みたいなものである。

俺が入門した頃の親方は、第36代横綱・羽黒山だった。当時、部屋には元関脇の安念山、後に拳銃密輸事件で捕まった元大関の若羽黒をはじめ、50~60人もの力士がいた。

相撲の世界には、様々なしきたりがある。そのひとつが付き人制度だ。俺が最初に付いたのは、関脇まで行った羽黒花という力士だった。

若い人間が誰に付くかは、部屋の若者頭が決めていた。幕内力士になると複数の付き人がいるのだが、一番下っ端は大変なことだらけである。

特に大変だったのは洗濯だ。なぜなら部屋に洗濯機はあったものの、下っ端は使わせてもらえず、洗濯板と樽で手洗いをしていたからだ。

力士が普段着ている浴衣を準備するのも付き人の仕事である。浴衣は洗濯をすると皺くちゃになってしまうから、しっかり広げて干し、乾いたら糊付けをする。毎日そんなことを繰り返していたら、クリーニング屋でもないのに洗濯がうまくなった。

風呂の時間には亀の子タワシで先輩の身体を洗い、食事の時は給仕をやる。起きている間は、気を抜いている暇がない。酒を覚えたのも相撲時代である。入門した頃は未成年だったが、そんなことはお構いなしの世界だ。先輩たちから「桜田、飲め！」と勧められるままにビールのジョッキを空け続けた。

そうした生活面以上に大変なのは、連日の稽古である。ケガをしないために、まずやらされるのが股割りだ。しかも最初はなかなか股が開かないから、3人がかりで無理矢理やられる。2人が両足を押さえ、残る1人が背後から全体重を乗せてくるのだから堪らない。俺は身体が柔らかい方だったのでまだ良かったが、中には泣き出す奴もいたし、股の筋が切れてしまう奴もいた。

股割りの後は、受け身と押し相撲の稽古だ。いくら中学では敵なしだったとはいえ、プロの世界はまったくレベルが違う。とにかく毎日がキツかった。

正直、網走の実家に帰りたいと思った時もある。夜、ベランダに出て星空を眺めながら、「北海道はあっちか……」と故郷を思い出し、感傷的な気持ちになることもあった。

入門翌年の64年1月7日、俺は無事に新弟子検査で合格し、1月場所で初土俵を踏んだ。四股名は、本名のままの『櫻田（さくらだ）』だった。天龍は学年がひとつ下でまだ中学に通っていたが、初土俵は同じ場所だから相撲では同期ということになる。

天龍とは地方巡業で、よく一緒に稽古をした仲だ。相撲には、「山稽古」というものがある。これは土俵ではなく空き地に円を描いて相撲を取るのだが、お互いに気持ちが乗らない時は自分で身体に砂を付け、稽古をしたふりをすることもあった。

天龍とは本場所で4度当たっている。対戦成績は2勝2敗の五分だった。俺も天龍も相撲の取り口は似ていて、最初は突っ張り、そこから四つ相撲に行く。当時の番付を見ると、俺たちはほとんど同じ位置にいた。

俺は序二段だった66年9月場所で、全勝優勝（7戦）している。その前の場所までは三段目にいたのだが、右手首にヒビが入って休場したことで番付が落ちていた。

このケガをきっかけに俺は四股名を『櫻田』から『網走洋（あばしりなだ）』に変え、優勝という結果も出した。実はこの時、日本プロレスで一緒になるロッキー羽田（羽田光男）が序ノ口で優勝している。当時はまったく彼の存在を気にしていなかったが、後になって写真を見返したら羽田が写っていたので驚いた。

この時代は、俺や天龍、羽田以外にも後にプロレスラーに転向する力士が数多くいた。永源遙さん、寺西勇さん、大磯武さんは俺にとって同じ部屋の先輩だ。俺が新弟子だった頃にラッシャー木村さんもまだ相撲取りだったし、大位山勝三やキラー・カーンこと小沢正志選手とは本場所での対戦経験もある。他にも後に日本プロレスで一緒になる轡田友継（サムソン・クツワダ）さん、木村健悟、伊藤正男なども相撲界にいた。

後に海外を一緒に転戦することになるミスター・ヒトこと安達勝治さんも幕下力士だった。安達さんは博打が大好きで、巡業に出る時に荷物は花札しか持っていかない。実際に巡業列車に乗ると、安達さんはすぐに花札を広げる。当時、移動の列車は相撲取りの貸し切りだったから、博打はやり放題だ。

俺は『網走洋』として、66年9月場所で序二段優勝を飾った（右から2人目）。
右端が序ノ口で優勝した後のロッキー羽田である。

花札をやる時は、まず通路の真ん中にバッグを3段にして積む。その上にタオルを敷いて、台を作るのだ。そうやって準備をしていると、どこからともなく博打好きの力士たちが集まってくる。その中には後に国際プロレスに入る扇山もいて、あの人は髷にお札を挟んで花札に興じていた。

俺は博打に興味がなく、昔も今もまったくやらないが、プロレスの世界に来てからも重度のギャンブル好きはたくさんいた。そういえば、轡田さんは後に第53代横綱となる琴櫻を相手に博打でイカサマをやったのがバレて、力士仲間にかわいがられ、自分で髷を切ったと記憶している。

俺は三段目だった69年5月場所に四股名を『翠巒（すいらん）』に変えて勝ち越し、2度目の幕下昇進を果たした。相撲時代の最高位は幕下十三枚目で、その頃は十両力士にも稽古場では負けなかった。

相撲取りは、十両になって一人前だ。十両に昇進すると「関取」と呼ばれ、大銀杏を結うことができるし、日本相撲界協会から月給も出る。俺も十両昇進が見え始めていたところだったが、あることがきっかけで相撲を辞めることになる。ケガをしたわけでも、限界を感じたわけでもない。親方と折り合いが悪くなったことが原因だった。

近年、マスコミが大騒ぎしているが、相撲部屋には「かわいがり」という名のイジメは付き物だ。当然、新弟子の頃に俺も嫌な思いをしたことがある。当時はカラオケのリモコンなんてものはなかったが、若い連中は兄弟子に食らわされて、竹ぼうきがいつもバラバラになっていた。相撲部屋では、ほうきは掃除のためにあるのでない。若い衆を殴るための道具なのだ。

もちろん、殴る蹴るだけでなく、悪質なイタズラも日常茶飯事だった。後輩の黒姫山はイビキがひどいからといって、寝ている時にコショウを顔にかけられていた。

相撲を辞める半年くらい前のことだ。部屋に弟弟子をいつもイジメている奴がいた。そいつのせいで、せっかく入った若い人間がすぐに辞めてしまうほど、そのイジメは度を超していた。

ある時、そいつのイジメがあまりにもひどかったので、俺は兄弟子としてぶん殴ってやったのだが、その場面を部屋の女将さんが偶然見ていた。

俺は兄弟子として注意しただけのことである。確かに手を出したが、相撲部屋では普通のことだ。しかし、何を言っても女将さんは聞く耳をもたない。

さらにこの件を女将さんが親方に言いつけて、俺の方が悪者になってしまった。そんなこともあって親方にも部屋にも不満が募り、心が相撲から離れていった。

記録上、俺は71年の1月場所と3月場所を全休した上で廃業したことになっているが、実際は違う。その前年、70年11月場所で負け越したのを最後に土俵には上がっていない。辞めた後も番付に俺の名前が残っていたのは、親方の都合だ。相撲部屋には日本相撲協会から幕下以下の力士の人数分、部屋維持費や力士養成費といった名目で金が入ってくる。だから、俺が辞めた後も休場扱いで名前を残していたというだけのことだ。こういうセコイところも相撲の世界が嫌になった要因のひとつだ。

俺が辞意を伝えて部屋を出ると、何度も親方は引き留めに来た。

「お前に親方株も全部あげるし、娘と一緒になってくれ」

ここまで言われたら普通は意気に感じるのかもしれないが、俺はもう親方を尊敬できなくなっていた。

そして、一人で床屋へ行き、髷を切った。15歳で入門し、ここまで約7年。俺は22歳で大相撲に別れを告げた。だが、故郷の網走に戻るつもりは毛頭なかった。

俺が飛び込んだ先は、付き合いが続いていた立浪部屋の先輩、永源遙さんのアパートだった。そこは日本プロレスの若手レスラーが寄宿する仮の合宿所でもあった。

第2章　俺が日本プロレスの道場で教わったこと

俺がプロレスの世界に足を踏み入れたのは、１９７１年のことだ。

永源さんは66年に立浪部屋をスカして東京プロレスに入門したが、その後も俺は可愛がってもらっていた。たまに食事をすると羽振りが良く、「プロレスラーは随分と儲かるんだなあ」という印象を持っていた。

俺が親方と揉めて相撲が嫌になっていた頃、永源さんと会う機会があった。すでに東京プロレスは潰れており、永源さんは日本プロレスに籍を移していた。当時の日プロはジャイアント馬場さんとアントニオ猪木さんのＢＩ砲が人気で、テレビ中継も高視聴率を稼いでいた。

「桜田、プロレスはいいぞ。お前もウチに入るか？」

「もう部屋に戻るつもりはないので、プロレスに行きますよ」

食事の後にそんな会話を交わし、俺は日プロに新弟子として入門することになる。

それまで相撲部屋のテレビでプロレス中継を観たことはあったが、夢中になったことは一度もなかった。子供の頃、網走はＮＨＫしか映らなかったから力道山の試合を観た記憶もない。だから、俺はプロレスの世界に憧れていたわけではなく、自分の身体を活かせる仕事として、この道を選んだ。

立浪部屋を辞めた俺は、日プロに入門する前から三軒茶屋の永源さんのアパートに居候させてもらっていた。間取りは六畳間が一つと八畳間が一つ。六畳の部屋は永源さんが一人で使っていて、八畳の部屋には若手レスラーが何人か住んでいた。

当時、永源さんのアパートにいたのは、少し先に入門していた藤波辰巳（現・辰爾）選手、後にプロ野球の大洋ホエールズに入団する飯田敏光、それから飯を作る係の亀田山という元相撲取りもいた。

藤波選手はプロレスの世界で先輩になるが、年齢はまだ10代後半で、体重は60キロ台だった。とにかく痩せていたことが印象に残っている。永源さんのアパートでも、みんなから「食べろ、食べろ！　そんな身体じゃデビューなんてできないぞ」と言われていたが、食が細くて量を食べられない。藤波選手は途中で猪木さんが作った新日本プロレスへ行ってしまったので疎遠になったが、ヘビー級の身体に持っていくまで苦労したはずだ。

俺よりちょっと後に小沢正志選手もこのアパートに転がり込んできて、他に大里巌という150キロのデブも住んでいた時期がある。小沢選手は女のところに行って、なかなか帰ってこないから、いつも永源さんに「このオバケ！」などと言われながら怒られていた。

俺は相撲を8年やっていて身体も大きかったので、入門テストのようなものはなかった。永源さんに連れられて代官山の日プロの事務所へ行き、社長の芳の里さんに「明日からお世話になります」と挨拶しただけである。

その時は事務所に遠藤幸吉さんや吉村道明さんといった会社の幹部、さらに馬場さんと猪木さんの姿もあった。言葉を交わすことはなかったが、日プロのトップが勢揃いしていた光景は鮮明に憶えている。

当時、同じく代官山にあった日プロの道場でコーチをしていたのは、大坪清隆（飛車角）さんと山本小鉄さんだった。

俺が入門した頃、合同練習に参加していたメンバーは若手の佐藤昭雄選手、藤波選手、小沢選手、留学生だったドナルド・タケシの他、少し上の先輩となる戸口正徳（キム・ドク）さん、轡田友継（サムソン・クツワダ）さん、木戸修さん、百田光雄さんらである。道場に永源さんや安達さんが来ることもあったし、大先輩のミツ・ヒライさんも顔を出していた。

俺は相撲でダメになって、プロレスに流れてきたわけではない。むしろ順調に番付を上げていたし、あのまま続けていたら天龍と同じように幕内の上位まで行けたと思っている。逆に言えば、その可能性が高かったから親方は娘との結婚話まで持ちかけて俺を何度も引き留めたのだ。

だから、当時の俺は体力的には自信があった。しかし、プロレスと相撲では使う筋肉が違うから、練習内容も異なる。相撲の稽古で四股は1000回踏んでいたが、スクワットを1000回こなすのは、また違う辛さがあった。

プロレスでは基礎中の基礎である腕立て伏せや腹筋、背筋といったトレーニングも相撲ではほとんどやることがなかったので、最初はかなりキツかった。それは相撲出身の小沢選手も同じだったようで、練習でいつも泣きを入れていたし、スクワットなんかはすぐに回数を誤魔化すタイプだった。逆に真面目な藤波選手は身体を大きくしたいという気持ちがあったからか、基礎体力の練習を一生懸命やっていた印象がある。

筋力トレーニングの中でも特に大変だったのは、ロープ登りだ。これは足を使わずに腕の力だけで天井から吊るされたロープを登るのだが、俺は体重が重いので、こういうメニューはどうしても苦手だ。ロープ登りが得意だったのは坂口征二さんで、元柔道日本一だけあって引く力がとにかく強かった。あれだけの体重があるにもかかわらず、足を使わずスイスイ登っていく姿を初めて見た時は本当に驚いたものだ。

体力トレーニングだけでなく、グラウンドの練習も半端なかった。当たり前だが、相撲では寝技の練習をすることはない。最初は関節技なんて何ひとつ知らない状態でスパーリングをやるわけだから、一方的に極められてばかりだ。

柔道の有段者だった大坪さんは身体は小さいが、関節技が巧かった。しかし、困ったことに極まってもすぐに離してくれないどころか、逆にそこから力を入れてくる。そのために俺もそうだし、みんな腕自体が曲がってしまった。俺はいまだに腕を伸ばしても、真っ直ぐにならない。

ただし、若手同士のスパーリングでは、ある程度やれる自信があった。小沢選手はすぐに痛がるし、藤波選手は身体ができていなかっただけでなく、格闘技の経験もなかったので、その頃は取っ組み合いが得意ではなかった。

プロレスの練習といえば、ブリッジや後ろ受け身も相撲にはないものだ。ブリッジは、

100キロ近い人間を上に乗せた状態で、3分間耐えなければいけない。最初の頃は途中で足が震えてきたが、崩れたら大坪さんや山本さんの怒声が飛んでくるから何とか踏ん張った。

受け身に関しては網走時代に柔道の経験があったし、相撲でも前回りの受け身は稽古でさんざんやった。だが、プロレスの受け身はまったくの別物である。初めて宙高く投げられてマットに叩きつけられた時は、胸が詰まって本当に苦しかった。

この受け身の練習は、嫌というほどやらされた。前受け身、後ろ受け身、横受け身から始まり、ヒップトス（腰投げ）やボディスラム、ショルダースルーで投げられて受け身を取る。山本さんなんかに50回くらい連続で投げられ、俺たち若手は受け身を取り続けた。その間、一瞬も気を抜けないし、体力もかなり消耗する。

それ以外にも試合を想定して、選手同士で殴ったり蹴ったりしながら必死に受け身を取った。それぞれの受け身のやり方を最初に教わったら、後はとにかく反復練習だ。

今の選手はここまで受け身の練習をやっていないと思うが、俺たちは徹底的にやらされた。そうすることで身体に染みつくし、そのレベルまで行かないと試合でフラフラになった時にしっかり受け身を取れない。

プロレスの練習の主な目的は、相手を攻撃する技を覚えることではない。ケガをしない身体を作り、自分の身を守る技術を体得することだ。プロレスではリングに上がったら、自分の身は自分で守らなければいけない。

当時、新人の試合では大技を使うことは許されなかったが、上に行けばブレーンバスターやバックドロップといった大技を食らうこともある。しかし、道場ではそういう技の受け身の練習はしない。基本を覚えておけば、大技をかけられても対応することができるからだ。こういう技の受け身は、試合をやりながら覚えていく。

他にもデビュー前に覚えなければいけないことは、たくさんある。毎日、基礎体力と受け身の練習、グラウンドのスパーリングをこなし、ある程度の技術が身に付いた段階になると、道場でプロレスの練習試合をやることになる。

俺は後にヒールとして海外マットを転戦し、各テリトリーで上を取れたが、それはこの日プロの若手時代に基本を徹底的に叩き込まれたおかげだと思っている。ヒールは、ただ単に悪いことをすればいいわけでない。基本は、あくまでもレスリングなのだ。

日プロの道場で、俺はそのイロハをじっくりと学んだ。たまにトークショーなどに呼ばれても、こんな話はほとんどしないが、せっかくの機会だから俺が学んだ「プロレスの基本」について、思うままに書き進めてみよう。

当時、若手の取組（カード）を決めていたのはヒライさんだった。ある日、俺はヒライさんに声をかけられた。

「おい、お前、試合はできるか？」

セコンドとして先輩たちの試合をいつも見ているとはいえ、実際に自分でやるとなると一抹の不安がよぎった。しかし、「できません」とは言えない。

「わからないです。でも、やってみます」

道場では、練習試合として5分マッチというものをやる。ただし、試合とはいえ、ヒライさんや大坪さんたちが観ているだけで、お客はいないから何をやっても反応がない。そうした状況でプロレスをやるのは本当に難しいのだが、ここでヒライさんたちに合格点をもらわない限り日プロではデビューできない仕組みになっていた。

通常、プロレスの試合はロックアップから始まる。当時の日プロでは「タイアップ」と呼んでいたが、便宜上ここではロックアップと書くことにする。レスリングは組み合うところから始まるから、このロックアップのやり方を最初に学ぶのだ。

今の試合を見ていると、ロックアップをする時に両腕を高く挙げ、上から組み付くようなやり方をしている選手がいる。俺が若手の時にこんな隙だらけのロックアップをしたら、「馬鹿野郎！」と怒鳴り声がすぐに飛んできた。

身体を伸び上がらせて組み付きに行ったら、相手に簡単にタックルされてしまう。だから、組む時は左手を前に出して直線的に入っていく。しかし、これがうまくできないと頭と頭がぶつかったり、手が相手の顔に当たったりする。スッと組み合うことができるように、何度もロックアップで組み合う練習をするのが第一段階だ。これができないと話にならない。

組んだ時に力を入れるのは、相手の首を取った左手だ。右手は首を取りに来た相手の左腕を外側から押さえつけるようにホールドする。

左手が首で、右手が腕。なぜそうなのかという説明はされなかったが、プロレスの基本としてこれは絶対に覚えておかないといけない。これがわかっていれば、海外でまったく知らない選手とロックアップしても頭がぶつかることはない。もしも相手がその基本を知らなかったら、組む時に右手で首を取りに来るかもしれない。そうしたセオリーと異なる動きは、ケガに繋がってしまう。

ただし例外もあり、メキシコのルチャ・リブレと日本の昔の女子プロレスは右手で首を取る組み方をする。俺は後に世界各国で試合をしたが、唯一メキシコだけは基本と逆でやらなければいけないので最初は大変だったことを思い出す。

ロックアップで組んだら、押し引きの中でヘッドロックを取りにいく。相手の押し返してくる力を利用しながら、左手で首を引き込み、相手の腕をホールドしていた右手をアゴに持ってきてロックするのだが、今はこれを単に型としてやっている奴もいる。本来はこちらが押し、相手が押し返してくるから、無駄な力を使わずにヘッドロックが取れるのだ。

ヘッドロックを取る狙いは、そのまま絞って痛めつけるか、投げてグラウンドに持ち込むかだ。プロレスはレスリングだから、最終目的は相手の肩をマットにつけて、ピンフォールを取ることだ。ヘッドロックから投げたら、そのまま抑え込み、相手は両肩がつかないようにブロックする。昔のプロレスで、よく見た光景のはずだ。

形だけで頭の上の方をヘッドロックに取る奴もいるし、最近では相手にロープに振られるためにヘッドロックを取っているように見える試合もある。そういう選手は何のためにヘッドロックを取るのか、意味もわからないままリングに上がっているのだろう。

ヘッドロックに取られた場合の切り返し方も教わった。自分の頭を抜きながら、相手の腕を取ってロックする。単に技を解くのではなく、ここで攻めに切り替わるのだ。ヘッドロックを取られたから、相手をロープに振るという選択肢はない。ヘッドロックを取っている側がしっかり固めていたら、相手の背中を押すだけでロープに振れるわけがない。だから、まずは頭を抜いて切り返していくことを覚える必要がある。

ヘッドロックを外された方は、今度は違う切り返しを狙っていく。そうやって腕を取ったり、首を取ったりという攻防を繰り返すことで試合は動いていくのだ。ゴングが鳴って、すぐにロープに飛ばす攻防に走ったら、じっくりと腕を取り合う攻防には戻れない。今は順序がおかしい試合も多く見られる。

こちらがヘッドロックを取った時、相手が切り返しをできなかったら、そのまま試合を進める。本来は相手が切り返してくることで攻防になるのだが、何もできない奴と試合をする時はこちらが取り方を変えたりしながら試合を動かしていく。

組体操のような決まりきった攻防ではなく、相手とのナチュラルなやりとりの中でレスリングをしていけば、自然と試合の組み立てはうまくなっていくものだ。今の試合は、あまりにもやることを決めすぎているような気がする。決まった動きしかしなかったら緊張感も生まれないし、そんな試合は観ている方も面白くないと思うのだが、今はアドリブの攻防を嫌がる選手が増えたようだ。

日プロでは、単純な腕の取り方から細かく指導を受けた。若手の試合をチェックしていたヒライさんは細かいことが巧かったし、たとえば腕を取る時に両手で同じ方向から掴んだりしたら、「このポンコツ！　不細工なことをするな！」と怒られることになる。

これにも、きちんとした理由がある。もし両手で上から腕を掴んだとしよう。相手は簡単に下に振りほどくことができる。片手で掴んだ場合も同じだ。そうさせないために片手で腕を上から掴んだら、もう一方の手は下から挟み込むようにして取る。そうすれば、相手も簡単に腕を外すことはできない。細かいことだが、そうやってしっかり腕をコントロールすることを覚えていくのだ。

あの時代の前座の試合は大技が禁止されていたから、必然的に殴る蹴る、あるいは腕や足をじっくり攻める試合になる。これは観ている方はわからないことかもしれないが、プロレスは腕を攻めるよりも足を攻める方が難しい。

腕は立った状態でも寝た状態でも攻められるのに対して、足の場合は基本的にグラウンドに限定される。寝技になると、どうしても動きが少なくなり、攻めの違いを見せづらくなるのだ。それでもお客を退屈させないようにアクションを入れながら、試合を動かしていかなければいけない。

一点攻めも必須科目である。足を攻めると決めたら、いろいろなやり方で同じ場所を攻めるのだ。腕を攻めていたと思ったら急に足を取ったり、あっちこっちを攻めようとする選手もいるが、そういうやり方をするとヒライさんに怒られた。

攻めたところを継続して攻めるから、相手のダメージに繋がっていく。そして、そのダメージの蓄積がフィニッシュに繋がる。それがプロレスの試合というものだ。それなのに、いろんな場所を取り留めもなく攻めたのでは何をやりたいのかお客に伝わらない。だが、腕の取り方や足の取り方のバリエーションを持っていないと、試合中にやることがなくなって違う場所を攻めようとしてしまうのだ。これも基本ができていないレスラーにありがちな傾向である。

投げ方も世界共通の基本だ。たとえばボディスラムなら、左腕で相手の上半身を抱え、右腕で持ち上げるようにして投げる。今は左腕を相手の首を巻いて投げる選手を見かけるが、昔はこんなやり方をしたら殴られていただろう。

相手は持ち上げられた時、技を大きく見せるために自分の身体を伸ばす。ところが、腕を相手の首に巻いてしまったら、投げられる方は身体を伸ばすことができない。それだと見栄えは悪くなるし、相手も受け身を取りづらくなる。力がない奴は首を巻いて持ち上げようとするから、女子プロレスでよく見られる投げ方だ。

繰り返すが、最初にこういう基本を徹底的に教わって本当に良かったと思っている。後に海外へ行った時、最初に組んだだけで、その選手がどれくらいできるかがわかった。組む時の入り方や力の入れ方で、どのくらい基本を知っているかが即座に判断できるのだ。できると思えば、相手が作る流れに身を任せてもいいし、こいつはダメだと思ったら自分が主導権を握るようにした。

プロレス独特の技術といえば、ロープワークも挙げられる。これも身に付いていないと、試合にならない。試合の練習を始めた頃、ヒライさんに「ロープを走ってみろ」と言われて見様見真似でやってみたが、歩幅が合わずに不格好になってしまった。これは俺だけに限らず、最初はみんなドタバタになる。

「ロープ間は3歩半で走る」なんて言われているが、これも決まっているわけではないし、具体的に教わるわけでもない。繰り返しロープを走り、自分に合った歩幅を見つけていくのだ。ロープは中にワイヤーが入っているから、3本にしっかり当たらないと青あざになってしまう。実際に俺も初めてロープワークの練習をした時は、あまりの痛さに驚いた。

ロープに走ってからのショルダータックルも基本として繰り返し練習した。ショルダーといっても、肩だけでぶつかるのではない。胸をしっかり出して、上半身の左側で思い切り当たるのだ。

しかも、当たる瞬間に足を抜くようにする。わかりやすく言えば、自分の左膝と相手の左膝がぶつからないようにするのだ。これができないと、ケガをするし、最悪の場合は皿が割れてしまう。

今の試合を見ると、ロープに走って戻ってくる時は威勢がいいが、相手にぶつかる瞬間に減速する選手がいる。怖がって中途半端なタイミングでぶつかると、迫力が出ないし、自分も相手もケガをする恐れがある。ロープワークからのショルダータックルは単純な攻防だが、見様見真似でできることではないのだ。

昔は走って相手をショルダータックルで倒し、またロープに走って、立ち上がってきた相手をまた倒すという練習を何度も繰り返しやっていた。これにより、倒される方も受け身と立ち上がり方を反復練習で覚える。

倒されてから立ち上がる時は、右肘を支点にして回り、相手との距離が空くようにして立ち上がるのが基本だ。そうすることによって、次の動きがスムーズになる。このようにプロレスの基本は戦いとして理に適ったものなのに、それを知らない奴がやると、おかしなことになるのだ。

道場ではエルボー、正確にはフォアアームでの殴り合いも練習もした。相手のアゴを持って胸を出させ、フォアアーム、つまり前腕部でパンチを交互に打ち合うのだ。拳の骨は脆い。殴り合いといっても拳で打つと、自分がケガをする可能性もあるし、逆に相手をケガさせてしまうこともある。思い切り殴ってもケガをさせないフォアアームの攻防も、この時代は必須科目だった。

道場ではシングルマッチだけでなく、タッグマッチの練習もやらされた。タッグマッチで難しいのは、エプロンで控えている時だ。「それがなぜ難しいのか？」と思うかもしれないが、やることが制限されるからこそ難しいのだ。

試合の権利がないからといって、ただコーナーでボーッと突っ立っているわけにはいかない。セーブ（カット）に入るにしても、入っていい場面と入ってはいけない場面というのがある。

後にプエルトリコなどでコンビを組んだミスター・ポーゴは、この勘が抜群に悪かった。「今は入ってくるな」と思うところで入ってきて、お客をしらけさせ、逆に今は入るところだという場面ではコーナーに突っ立ったまま、こっちを見ている。

そのタイミングの見極めは、センスとしか言いようがない。試合の権利がない時に何をするかは状況を見て考えなければいけないし、細かく教わることができるものではないから個人のセンスが問われる部分だ。

ポーゴの場合は試合をしていると、すぐに疲れてタッチを求めてくるから、さらにタチが悪い。そういう時はセコンドにちょっかいを出したり、相手側のパートナーとやり合ったりして知らんふりすることもあった。

ポーゴの野郎の話は、また後ですることにしよう。こうしてプロレスの基本を学んだ俺は、入門から半年がすぎた71年6月27日、茨城県の結城市立町広場で戸口さんを相手にデビューした。結果は7分半ほどで俺が負けたが、無我夢中だったので内容もフィニッシュも憶えていない。

デビューした頃に試合でよく当たっていたのは、その戸口さんをはじめ、小沢選手、佐藤選手、轡田さん、木戸さん、林牛之助（ミスター林）さんといったところである。

俺のシングル初勝利は翌72年1月19日、板橋区体育館で相手は佐藤選手だったそうだが、これもあまり憶えていない。佐藤選手に関しては当時から理屈っぽく、小姑のように講釈が多かった印象がある。当時、若手同士は仲が良かったが、馬場さんに付いていた佐藤選手だけは少し距離があったような気がする。

この頃の日プロは選手の人数が多かったために、若手は毎日試合が組まれるわけではなかった。それでも数をこなさなければ、プロレスは上達しない。センスも大事だが、何よりも必要なのは経験だ。プロレスは、ただ見ているだけでは絶対にうまくならない。そのことは、実際に試合をするようになってよくわかった。

そういえば、この時代に試合でセコンドについていると、永源さんによく「お前、邪魔だから、あっちに行け！」と言われた。とはいえ、別に俺が試合をしているレスラーたちの邪魔になっていたわけではない。永源さんは、そうやって自分がテレビに映る場所を確保するのだ。ベルトを防衛した馬場さんがレフェリーに手を挙げられていると、いつの間にか隣に立っていたり、そういう時のポジション取りのうまさは昔から天下一品だった。

第3章　俺が大城勤をセメントで叩き潰した理由

プロレスラーとしてデビューした当時のコスチュームは、黒いタイツに黒いシューズだった。当時はこれがスタンダードなスタイルで、新人が派手なコスチュームを身につけることは許されていなかった。

前の章でも触れたように、コスチュームだけでなく、使える技にも暗黙のルールがあった。それにより若手は派手な技を使わずに、お客を試合に引き込んでいく術を学ぶ。新人が使える技らしい技といえば、ボディスラムやボストンクラブで、ドロップキックもOKだった。

技は少ないものの、試合自体は激しかった。殴るにしても蹴るにしても、思い切りぶち込まないと後でヒライさんに怒られる。しっかりアゴを引いておかないと、いいのが入って伸びてしまうので決して気を抜くことはできない。

しかも、俺たち若手は練習や試合だけをしていればいいわけではない。相撲同様、プロレスにも付き人制度がある。

入門した頃、佐藤選手が馬場さん、藤波選手が猪木さん、小沢選手が吉村さんの付き人をやっていた。最初、俺は誰にも付いていなかったが、海外遠征に出ていた上田馬之助さんが凱旋帰国することになり、先輩のグレート小鹿さんから「今度、上田さんが帰ってくるから、お前が付け」と命じられた。

当時の日プロは上下関係がかなり厳しかったが、俺は上田さんに怒られたことはない。付き人といっても洗濯と荷物を持つぐらいで、上田さんの場合は身の回りの世話をそれほどしなくてもよかったから、相撲時代とは比べ物にならないほど楽だった。

巡業の時、俺以外の若手は大変だったはずだ。馬場さん、猪木さん、吉村さんの3人は特にカバンが大きいから、みんな四苦八苦していた。ましてや当時は巡業バスがなく列車での移動だったから、その荷物を持って歩き回ることになる。小沢選手は吉村さんの荷物に加え、安達さんや小鹿さんの荷物も持たされていたから毎日大変そうだった。

プロレスの巡業といえば、酒は切っても切り離せない。酒豪と呼ばれるレスラーはたくさんいたが、中でも上田さんは強かった。後のリング上のヒールっぷりからは想像できないかもしれないが、上田さんは普段はおとなしくて、余計なことは言わない人である。巡業中も基本的に一匹狼で他の選手たちと馴染まないタイプだったが、酒を飲んだ時は少しだけ口数が多くなった。

巡業に出ると、小鹿さんに誘われて一緒に食事に出かけることが多かった。上田さんと飲みに行くことは少なかったが、俺のことを常に気にかけてくれていて、「金はあるのか？　これで飯でも食えよ」と、よく小遣いをくれた。

上田さんは優しいだけでなく、ガチンコが強かった。道場で何度も極めっこのスパーリングをやったが、攻めがしつこくて厳しい。上田さんは腕絡みを得意としていたが、足関節もできたし、技の引き出しは多かった。

ところで、俺がデビューした1971年の後半から、日プロの内部はゴタゴタの連続だった。一介の若手だった俺には何が起きているのか知る由もなかったが、猪木さんがクビになり、これが後の馬場さんと坂口さんの離脱、そして団体崩壊へと繋がっていく。

この年の12月、日プロは「会社の乗っ取りを画策した」として猪木さんの除名を発表した。俺は付き人をやっていたから、上田さんが猪木さんと仲が良かったことは知っている。当初は猪木さんと2人だけで会社を改革する計画を立てていたことも、後になって上田さん本人から聞いた。その計画とは、幹部たちがゴルフに行っている間に会社の名義を変えるというものだった。

しかし、何らかの行き違いがあって2人は決裂したようだ。この除名事件の時、上田さんはノートに猪木さんとやろうとしていたことを詳細に書いて会社に提出した。そして、選手や会社の人間がいるところで、それを読み上げた。上田さんの話を聞きながら、幹部の人たちが苛立っていたのを憶えている。

なぜ上田さんは、途中で猪木さんを裏切ったのか。その理由や経緯は、下っ端だった俺にはわからない。上田さんは、酒の席でも仕事の話はしない人だ。上の人たちも上田さんの優しく大人しい性格は知っているから、そういう計画を企てていたことよりも、猪木さんを土壇場で裏切ったことに驚いていたような気がする。

こうして猪木さんは日プロを出ていくことになるのだが、この時に俺や羽田、小沢選手は小鹿さんから指令を受けた。

「お前ら、猪木が事務所に来たら袋叩きにするぞ。あいつは相撲出身のレスラーを全員クビにするつもりだったんだ」

俺や小鹿さんだけでなく、日プロには相撲上がりのレスラーが多かった。その計画が本当かどうかはわからないが、社長の芳の里さんも上田さんも元相撲取りだ。もし猪木さんがそういう腹積もりだったとしたら、仲間だった上田さんも切られることになる。

それはともかく、上からの命令は絶対だ。猪木さんが事務所に来たら、ボコボコにするしかない。猪木さんに特に恨みはないが、俺たちは薪木を持って事務所で待ち伏せし、やる気満々だった。結局、猪木さんは姿を見せなかったから襲撃は未遂に終わったものの、もし来ていたら大変なことになっていたに違いない。

ただし、猪木さんが改革を訴えたように会社の経理はメチャクチャだった。当時は日本テレビとNET（現・テレビ朝日）の2局で中継があり、巡業に出たら3～4週間は東京に帰れない過密スケジュールだった。テレビの放映料とゲート収入を合わせたら、何億という金が会社に入ってきていたはずだ。

そのおかげで代官山に新しい合宿所を建てることができたのだが、新築なのに雨漏りする。これは経理担当の遠藤幸吉さんが工事費を着服していたから、手抜き工事になってしまったのだ。

社長の芳の里さんも、毎晩飲み歩いていた。猪木さんの主張では、これも会社の金で飲んでいたということになる。当時、地方のプロモーターから売上げを回収するのは吉村さんの仕事だったが、その吉村さんにも似たような噂が立ったことがある。

幹部だけでなく、先輩たちの間でも似たようなことはあった。あの頃は巡業に行くと、旅館ですき焼きやしゃぶしゃぶをやる。食材には当時の金で20～30万円かけていたが、1回分でその金額だから、肉は相当いいものを食っていた。しかし、買い出しに行くレフェリーの田中米太郎さんはちょろまかして、金額の違う領収書をもらってくる。そんなことは日常茶飯事だった。

とにかく若手の俺から見ても、会社の金の使い方はひどかった。おそらく会社の金を触れる立場の人たちは、誰もが中抜きをしていたのではないだろうか。当時、上の人たちはみんなスポーツカーに乗っていたし、これだけ無駄遣いをしていても利益が出ていたのだから相当儲かっていたのだろう。

日プロを追い出された猪木さんは、翌72年に新日本プロレスを立ち上げた。猪木派だった山本さん、木戸さん、藤波選手、レフェリーのユセフ・トルコさんも日プロをスカして追随し、海外遠征中だった北沢幹之（魁勝司）さんと柴田勝久さんも新日本に合流した。猪木さんに近かった人たちがいなくなったことで事態は収束するかと思われたが、団体内部のゴタゴタは収まらなかった。

猪木さんに続いて、今度は馬場さんが7月に会社に辞表を出した。芳の里さんは強く引き留めたようだが、馬場さんは佐藤選手、轡田さん、マシオ駒さん、大熊元司さん、レフェリーのジョー樋口さんを引き連れて、10月に全日本プロレスを旗揚げする。すでに日本テレビの日プロ中継は打ち切りになっており、馬場さんの新団体を放映することになった。

猪木さんと馬場さんがいなくなった日プロはアメリカ修行に出ていた高千穂明久さんを呼び戻し、大木金太郎さんと坂口さんが2大エースという形で巻き返しを図った。後に海外でタッグを組む高千穂さんとは、この時が初対面である。

一方で、この時期は先輩レスラーたちが次々と海外へ旅立って行き、戸口さんと永源さんと安達さんはアメリカ、林牛之助さんと星野勘太郎さんはメキシコに送られた。猪木さんと馬場さんが抜けて客入りが悪くなり、日本テレビの中継もなくなって経営はガタガタになっていたから、会社としては中堅選手を海外に出してギャラを削減することが狙いだったかもしれない。

俺はまだ一介の若手だったが、年齢も24歳になっていたし、会社がこのままではヤバイことはわかっていた。しかし、俺の立場ではどうすることもできない。当たり前だが、海外に渡るツテがあるわけでもなく、選手たちが徐々に減っていくのを黙って見ているしかなかった。

73年になると、2月に猪木さんと坂口さんが握手を交わし、日プロと新日本の合併が発表された。経営が厳しい両団体が一緒になり、『新・日本プロレス（仮称）』として4月からNETの中継もこちらの放映に移行するという。

俺たち若手は、誰かに「これにサインをしろ」と言われるがまま同意書のようものに名前を書いた。しかし、この構想は途中で選手会長の大木さんが「これは形を変えた猪木の日プロ乗っ取りだ」と文句を言い出して、ご破算になる。最終的に、この話は坂口さんが小沢選手、木村聖裔（健悟）、大城勤（大五郎）の3人、さらにレフェリーの田中米太郎さんを連れて新日本に移籍するという形で収まった。それと同時にNETの日プロ中継は打ち切りとなり、新日本の放映に切り替わることも決まった。

これで日プロは選手の多くがいなくなっただけでなく、テレビ中継も完全に失った。誰が見ても、沈没寸前である。俺は黙って上田さんの付き人を務めながら、目の前の試合をただこなすだけだった。

ただし、上の選手たちは心中穏やかではない。猪木さんが除名された時に小鹿さんがリンチ計画を企てたように、坂口さんたちが抜けることが正式に決まると、団体内は緊迫した雰囲気になった。馬場さんたちが辞める時は不穏な空気はなかったが、この時は若手や中堅選手がおかしなことをしないように馬場さんがヒライさんに話を付けたという噂を耳にしたことがある。しかし、坂口さんたちが辞める時は何が起きてもおかしくないムードだった。事実、3月8日の佐野市民会館大会で俺は坂口さんに追随する大城をリング上でボコボコにした。

この日を最後に辞めていく大城や小沢選手たちは俺たちとは別のホテルから試合会場に入り、日本側の控室にも来なかった。ただでは済まないことを予期していたのだろう。俺はヒライさんや小鹿さんから「やってしまえ!」と焚きつけられていたし、自分自身もそのつもりだった。だが、今になって考えると、大城は坂口さんの付き人だったから、「新日本に行くぞ」と言われただけである。そこにイエスもノーもなかったはずだ。もし俺が坂口さんの付き人だったら立場は逆になっていたし、猪木さんや馬場さんに付いていたら、すでに日プロにいなかった。それだけ上からの命令は絶対だった時代である。大城とは仲が悪かったわけでもない。団体内の不穏な空気に後押しされたのかもしれないが、あの時は単純に「日プロを捨てて出て行くというなら、やってやる!」という気持ちだった。

第3試合のリングに上がった俺は、最初は普通に試合をしていた。しかし、途中から大城を押さえつけて、拳を何発も顔面に振り下ろした。

「桜田、何をやってんだ！　やめろ、やめろ！」

レフェリーの田中さんは慌てて止めに入ったが、俺はお構いなしに殴り続けた。確か首も絞めたような記憶がある。

大城は完全にビビッて、震えていた。顔もかなり腫れあがっていたと思う。だが、反撃しようものなら倍返しされるのがわかっているから、まったくやり返してこない。ただ逃げるだけで、結果は大城のリングアウト負けとなった。リングに戻れば、さらにぶん殴られるから、場外に出たまま試合を放棄したのだ。大城は控室に戻ることなく、メインの坂口さんの試合が終わると、すぐにタクシーに乗って逃げていった。

こんな試合をしたことがあるせいか、俺はプロレスファンの間で〝喧嘩屋〟というイメージを持たれているようだ。安達さんなんかが俺の喧嘩エピソードを面白おかしく吹聴しているという話も聞いた。

しかし、俺自身は別に自分が喧嘩っ早いとは思っていない。相撲取りの頃は髷を結っていて目立つから外で素人をぶん殴った記憶はないし、プロレスラーになってから喧嘩はしたかもしれないが、そんなものはいちいち憶えていないというのが正直なところだ。

プロレスの試合でも、こちらからイタズラ半分で仕掛けるようなことはしなかった。外国人でよくそういう奴がいるが、そんな時にナメられないようにやり返すだけだ。

俺にとって、プロレスは仕事である。後にアメリカのフロリダ地区にいた時、オフィスの命令で挑戦してきた素人をボコボコにしてやったこともあるが、それも仕事として受けたものだ。実際に、その分のギャラももらっている。そういう意味では、この大城戦は俺のキャリアの中で異質な試合と言えるが、別に後悔するようなことでもない。

俺と大城の試合は放映されていないが、この佐野大会が日プロにとって最後のテレビ収録となった。結局、日プロは続く4月のシリーズを最後に興行を打てなくなり、事実上潰れた。

73年4月20日、群馬県吉井町体育館での『アイアンクロー・シリーズ』最終戦が日プロのラスト興行である。すでに営業の人間が全員退社しており、興行会社としての機能は完全に失われていたので、「今日で終わりだ」と言われても特別な感情はなかった。

控室の様子も、いつもと変わらなかったように記憶している。この日、俺は大木さんが韓国から連れてきていたキム・チョ・ランに勝利した。

その後、俺たちは池上本門寺で力道山夫人の百田敬子さんと記者会見を行い、この席で大木さんが「我々全選手の身柄を百田家に預ける」と発表した。メンバーは、大木さん、上田さん、小鹿さん、松岡巌鉄さん、高千穂さん、ヒライさん、羽田、伊藤正男、そして俺の9人である。

同月27日には、赤坂プリンスホテルで全日本と日プロの合同記者会見が行われた。馬場さん、敬子さんが出席し、日プロに残った俺たち9選手と全日本の合併が発表されたが、事前に会社で説明があり、芳の里さんからはこう言われていた。

「馬場のところも選手が少ないから、大変みたいだ。日プロの選手が合流すれば、レスラー不足は解消できる。別に全日本に吸収されるわけじゃない。これはあくまでも対等な合併だからな」

だが、本当の理由が違うことくらい若手の俺でもわかる。もはや日プロだけで興行を続けることが不可能だから、他に残された道はなかったのだ。

形としては日本テレビが間に入り、日プロの選手を全日本のリングに上げて戦力を補強するということである。だから、俺たちは全日本の所属になったわけではなく、あくまでも日本テレビの契約レスラーで、給料も局側からもらっていた。

当初、俺たちが初めて参加する6〜7月の『サマー・アクション・シリーズ』は両団体の合同興行と発表されていたが、大会ポスターにそういう記載は一切なかった。日プロ側で名前が掲載されたのは大木さんと高千穂さんだけで、対等合併ではないことは誰の目にも明らかだった。

全日本での最初の試合は6月30日の行田市体育館大会で、俺の相手は同じ日プロ組の羽田だった。翌日はその羽田と組んで、相手は小鹿さんと肥後宗典さんのコンビである。肥後さんは、国際プロレスから全日本に移籍してきた選手だった。

シリーズの5戦目で、俺は大熊さんとのシングルが組まれた。これが純粋な全日本の選手との初対戦になる。ただし、最初の頃はやはり羽田、伊藤の他、小鹿さん、松岡さん、上田さんたちと試合をすることが多かった。その3人は俺にとってかなり上の先輩であり、日プロ時代にはベルトも巻いていた。小鹿さんたちにとって、このマッチメークはかなり不服だったに違いない。

全日本側というか馬場さんも、最初は大木さんや高千穂さんには気を遣ったカードを組んでいたように思う。しかし、馬場さんと一緒に日プロを出て行った選手たちと最後まで日プロに残った俺たちの間にギクシャクしたものがあったのは事実だ。それも日プロ組同士の取組が多かった理由のひとつだろう。

そんな馬場さんのマッチメークに上の選手ほど不満は大きく、大木さんは「こんなのは対等じゃない！」といつも怒っていた。そんな状況だったから、上田さんは全日本を辞めることを考えていた。

「ここにいても、俺たちはずっとこんな扱いだぞ。俺はアメリカに行くつもりだ」

そんな上田さんの気持ちを聞かされ、俺は一緒に付いて行きたいと思った。当時、若手や中堅のレスラーにとって最大の目標は海外修行に出ることだ。上田さんは向こうでやっていたから、何らかのツテがあるのだろう。

「上田さん、アメリカに行くなら俺も一緒に連れて行ってください」

「わかった。じゃあ、いつでも行けるように準備だけはしておいてくれ」

その後、浅草にあるマルベル堂に２人で行き、向こうのプロモーターに送るプロモーション用の写真も撮った。

ところが、上田さんは俺を置いて、いつの間にか一人でアメリカへ行ってしまった。

俺ではパートナーとして頼りないと思ったのか。それとも全日本に残ることが俺のプラスになると考えたのか。この件については後に上田さんと再会した時も切り出せず、置いていかれた理由は今でもわからないままだ。

第4章　韓国で『元祖タイガーマスク』に変身

合併から半年が経ち、１９７４年に入ると日プロからの移籍組は高千穂さんとヒライさんの他、俺、羽田、伊藤の若手３人、そして馬場さんの要請で前年秋にアメリカのアマリロ地区へ出された小鹿さんだけになっていた。

大木さん、上田さん、松岡さんは、いずれも扱いに対する不満から全日本を去った。馬場さんとしては、うまい具合に扱いづらいベテランを排除できたと言える。だからといって、残った日プロ組の扱いが良くなるということもなかった。

ヒライさんは、馬場さんの先輩にあたる。だから、馬場さんも本音ではヒライさんもいなくなってほしかったのではないだろうか。本人もそれを感じていたのか、日プロ組の扱いに関して馬場さんに意見するようなことは絶対にしなかった。もし馬場さんにそんなことを言ったら、「じゃあ、明日から来なくていい」の一言で終わっていたに違いない。

日プロ時代と違ってヒライさんは若手のまとめ役をするわけでもなく、単なる一選手として前座に出て若手と試合をしていたが、その姿は俺から見ても不憫だった。全日本に来てから、ヒライさんはあまり控室から出なかった印象がある。たとえば馬場さんがベルトを防衛して選手みんなで乾杯をする時も、その輪に加わることは少なかったはずだ。

ちなみに小鹿さんのアマリロ行きも遠征というより、左遷のようなものだった。行く前は小鹿さんも馬場さんのマッチメークに散々文句を言っていたが、帰国後は持ち前の調子の良さで馬場さんの懐に入り込み、大熊さんとのコンビでアジア・タッグ王者というポジションを得た。世渡り上手とは、まさに小鹿さんのことである。

さて、この時期に馬場さんのプッシュを受けていたのは、レスリングのミュンヘン五輪代表として鳴り物入りで入団したジャンボ鶴田だった。ジャンボはすぐにアメリカへ修行に出され、帰国後はあっという間にメインイベンターへと駆け上がっていった。いくらアメリカ帰りとはいえ、そんなキャリアでいきなり上を取らせる馬場さんのやり方に驚いたことを憶えている。

凱旋帰国したジャンボは73年10月9日、蔵前国技館で馬場さんと組み、ザ・ファンクスの持つインターナショナル・タッグ王座に挑戦した。この扱いだけでも破格である。

しかも自らジャーマン・スープレックスで1本取った上、最後は時間切れ引き分けとなり、ベルトは獲れなかったが、試合には負けなかった。この一戦で、もう全日本の次期エースのポジションは約束されたようなものである。一方、俺はこの日は試合が組まれなかった。

ただし、ジャンボは上を取っていても、俺たちには凄く気を遣っていた。当然、話をする時は敬語だったし、偉そうな態度を取ったりしたことはない。そういう振る舞いの影響もあって、先輩たちから疎まれている様子はなかった。

それでもジャンボはトップ扱いだから、待遇が俺たちとは違う。移動の新幹線では、馬場さんやザ・デストロイヤーと一緒にグリーン車に乗っていた。そうした扱いは羨ましくもあったが、当の本人はそうでもなかったようだ。同じ車両に乗ると、馬場さんにあれを買ってこい、これを買ってこいとコキ使われるから、心が休まらなかったという。

俺は来る日も来る日も、前座での試合が続いていた。それは日プロ組の後輩で、仲の良かった伊藤も同じである。

伊藤は特にウェイトの練習をしていないのに百何十キロのベンチプレスをバンバン上げるパワーの持ち主だったが、性格が大人しく、あまりプロレスラーには向いていなかったのかもしれない。ただし、あいつも日プロの道場で基本を叩き込まれていたから、試合でやりにくさを感じたことはなかった。

後述するが、ジャンボのようなエリートを除いて全日本は選手を海外修行に出すと基本的にほったらかしだ。伊藤もそのパターンで、馬場さんはあいつを海外に出した後、一度も日本に呼び戻すことはなかった。可哀想だったが、それが全日本の体質だった。

後に俺がカナダのモントリオール地区にいる時、誰かに連絡先を聞いたらしく、伊藤から電話がかかってきたことがある。

「伊藤、久しぶりだなあ。今、何をしてるの？」

「モントリオールのレストランで働いているんですよ」

「結婚は？」

「してません。でも、グリーンカード（永住権）は取れましたよ」

内容は、そんな近況報告だった。この時、伊藤はもうプロレスを諦めていたのか、最後まで「どこかのプロモーターに紹介してほしい」といったことは口にしなかった。今現在、あいつがどこで何をしているかは知らないが、元気にしているのだろうか。

同じく日プロ組の羽田は、若手時代に試合をしていて一番手の合う相手だった。彼はレスリングがうまく、グラウンドや関節の取り合いをずっとやっていられた。相撲出身で身体は大きいが、柔らかくて器用だったし、馬場さんの期待も大きかったと思う。実際に、羽田は俺より早くアメリカに出された。

羽田については、レスリング以上に酒が印象に残っている。試合が終わって合宿所に帰ると、必ず日本酒のワンカップを飲んでいた。俺も酒は好きだが、あいつは常に酒臭くて、24時間酔っぱらっているような状態だった。

しかも酒癖が悪い。一緒に渋谷で飲んでいた時に、酔っ払いと喧嘩になって警察に捕まったこともある。

あの時は、素人に「肩がぶつかった」と因縁をつけられた。相手はサラリーマンだったが、学生時代は柔道をやっていたという身体の大きい奴で腕に自信があったのだろう。最初は羽田と揉めていたのだが、あまりにも鬱陶しいから俺も頭に来て一発ぶん殴った。しかし、相手は引かずに歯向かってきたので、さらに4~5発殴ると伸びてしまった。

そこに、ちょうど騒ぎを聞いた警察が駆けつけてきた。俺は羽田に「逃げろ！」と言ったが、なぜか付いてこない。何をしているのかと思えば、興奮しているのか酔っ払いに向かって「テメエ、起きてこい！」と吠えている。結局、羽田は警察に捕まり、そのせいで俺たちは治療費を請求されるハメになってしまった。

俺はそんな彼らと前座を温める役目を黙々とこなしていたが、それでも少しずつ外国人レスラーとの対戦も増えていった。

記録によると、韓国人選手を除けば、初の外国人レスラーとの試合は73年10月10日、姫路厚生会館でのマイク・ローレン戦である。翌74年春の『第2回チャンピオン・カーニバル』では、ビッグネームのキング・イヤウケアとシングルが組まれた。そして、そのイヤウケアとマーク・ルーインに呼ばれる形で海外行きのチャンスが舞い込む。5月半ばから6月末まで、ニュージーランドへ遠征に行くことになったのだ。

現地ではイヤウケアとルーインがベビーフェースで、俺はアブドーラ・ザ・ブッチャーと組んでヒール側に組み込まれた。トップヒールだったブッチャーとは1ヵ月半ずっと一緒に行動したが、すべてが新鮮だったし、日本のような煩わしい上下関係のない解放感もあり、毎日が楽しかった。ギャラも週1000ドルと良く、交通費も全額支給される。この海外遠征が好印象だったことも、後に世界を転戦するひとつの要因になったのかもしれない。

実は海外に行ったのはニュージーランドが初めてではなく、日プロ時代に韓国遠征に行った。しかし、この辺の記憶が曖昧で、全日本時代に何度か行った韓国遠征と思い出がゴチャ混ぜになっている。

韓国へは、大木さんの誘いで行った。大木さんの現地での英雄ぶりは日本の馬場さんや猪木さん以上で、空港に着くと本人だけでなく、俺らも税関を通らなくて済むほどだ。移動も常識外れで、まだ工事中の高速道路も貸し切り状態で走れる。

だが、それなりの規制もあった。韓国は当時も今も北朝鮮と休戦状態で、飛行機が着陸する時は空港の構造などを見られないように窓がシャットアウトされた。高速道路もそうした状況に対応しており、有事が起きた時は戦闘機などの発着陸ができるように車線がかなり幅広く作られていた。

これは全日本時代のことだったと思うが、俺は韓国でマスクマンに変身したこともある。リングネームは、『タイガーマスク』だ。その名の通り虎柄のマスクを被り、大木さんの敵役だからポジションはトップヒールということになる。

その後、タイガーマスクを兄弟で登場させようということになり、轡田さんも向こうでマスクを被った。後に俺は初代タイガーマスクこと佐山聡が主宰するシューティングのリングに上がることになるが、虎のマスクを被ったのは俺の方が先である。自慢するような話でもないのだが、彼が初代なら、俺は元祖ということになるのか。

そういえば、韓国で銃撃されたこともあった。レフェリーのジョー樋口さんとレストランの2階で飯を食っていたら、1階から軍隊の奴がこちらに向かって拳銃をぶっ放してきたのだ。それだけ日本から来た俺たちは憎まれていたということだが、当時は戒厳令が敷かれていて夜中の12時になるとサイレンが街中に響き渡るような状況だったから、軍の奴らもストレスが溜まっていたのだろう。余談だが、サイレンが鳴ると、ホテルの部屋に来ていた女も家に帰れなくなる。言うまでもなく、そういう時は朝までコースだ。

韓国へ行けば、大木さんというビッグネームと対戦することになるが、正直言って試合は大変だ。大木さんは不器用で技も少なく、自分本位の動きをするから、こちらがそれに合わせて動くしかない。

韓国マットとは後にNOW時代に再び接点が生まれ、大木さんの弟子のイ・ワンピョに外国人レスラーを送ったり、大日本プロレス時代も含めて俺自身も何度も遠征に行った。その頃も大木さんの威光は衰えておらず、会長という立場で巡業に付いていたが、昔もこの時期も田舎はどこも満員になるのに、首都のソウルだけは客入りがあまり良くなかった。大木さんは韓国政府の上層部に通じていただけに、そこだけが不思議だった。

話を全日本時代に戻そう。ジャンボを別格とすれば、この74年は全日本に初めて新人が入ってきた年でもある。それが大仁田厚、渕正信、薗田一治（ハル薗田＝マジック・ドラゴン）の三バカだ。

当時、全日本には道場がなく、恵比寿にあったキックボクシングの山田ジムで練習していた。三バカは目白のマンションを合宿所代わりにしており、俺と羽田、伊藤の３人はまだ日プロの合宿所に住んでいて、そこから電車でジムに通っていた。

全日本のコーチ役は、マシオ駒さんである。馬場さんからの信頼も厚く、現場責任者的な立場だった駒さんは派手な技はやらないが、寝技やプロレスの細かい技術が巧い人だった。俺もこの時代に、試合の組み立て方などを駒さんに教えてもらった。

窓がなく、常にヘンな臭いがこもっている山田ジムで、俺はサブコーチ的な立場で三バカたちの練習も見た。要は上の人たちが全然ジムに来ないから、まだ若手の俺が教えることになったのだ。

基本的には、自分が日プロの道場で教わってきたことを彼らに教えるだけだ。腕立て伏せやブリッジなどの準備運動から始まり、受け身をやって、最後がスクワット。三バカにとっては厳しいメニューだったかもしれないが、これを通過しなければプロレスラーにはなれない。

あの3人の中で、一番センスを感じたのは渕だ。元々アマチュアレスリングをやっていたし、年齢も一番上だったので覚えるのも早かった。

逆にダメだったのは、怠け者の大仁田だ。あいつは根性がなく、厳しい練習をさせると、すぐに泣く。スクワットを1000回やらせたら絶対に回数を誤魔化すし、手のかかる新弟子だった。

俺が新弟子の時と同じく、受け身の練習もたくさんやらせた。一人を50回ずつ連続で投げる。それを3人分、俺が一人でやるから計150回だ。キツイ受け身の練習も渕と薗田は真面目にやるのだが、大仁田だけは「あ〜っ、もうダメだ…」といらないアピールを始めて、すぐに弱音を吐く。

だが、受け身は無理にでもやらないと覚えない。新人の時にしっかりやっておけば、後で必ず自分のためになる。特に歳を取ってから、基本を知っているかどうかが大切になってくる。渕が還暦を過ぎた今でも現役を続けていられるのは、こうした基本の練習をしっかりやってきたという何よりの証拠だろう。プロレスは大技を出さなくても試合は成立するし、しっかりと受け身を取れば、ダメージを最小限に抑えられるのだ。

今になって思えば、三バカが入ってきたことは全日本内部の空気を変えたかもしれない。大木さんたちが抜けた後は、選手の入れ替えがあったことで合併した当初のようなギクシャクした雰囲気は徐々になくなっていった。

76年になると、新たに日プロの先輩が全日本に加わった。アメリカに行っていたミスター林さんが帰国し、合流してきたのだ。

林さんは大先輩だが、なぜか俺たちと一緒に日プロの合宿所に住んでいた。俺らが練習が終わって帰ってきた頃にちょうど起きて、「もう飯はできてるのか？」と聞いてくる。その後は、「ちょっと休んだら、飲みにでもいくか？」と酒に誘われ、帰りはいつも林さんの飲酒運転だ。

林さんは、合宿所にあるものを勝手に食べてしまうことも多々あった。冷蔵庫に入れておいたものがなくなったら、だいたいは林さんの仕業だ。

ある日、合宿所で寝ていて、そのまま会場に来なかったこともある。試合を終えて俺たちが合宿所に戻ると、「何で起こさなかったんだ？」とブツブツ言ってきた。俺たちは確かに声をかけなかったが、それには理由がある。起こしたら起こしたで、「何で起こすんだ」とブツブツ言い出すからだ。

しかし、俺は嫌いな先輩ではなかった。困ったところはあるが、憎めない部分もあり、マイペースでのんびりした人間性は間近で見ていると面白かった。

林さんもポジションはずっと前座だったが、目立つのはバトルロイヤルの時である。みんなで林さんを抱え、コーナーに詰めた相手にぶつけるのがお約束だ。その時に林さん自身が「突撃！」と音頭を取るのだが、これがどの会場でもウケていた。

ところで、この76年は俺にとって大きな転機となった。10月15日にヒルトンホテルで記者会見が行われ、相撲時代の同期だった天龍源一郎の全日本プロレス入団が発表されたのだ。この時、彼が髷姿のままプロレスラーになったことで、俺に新しい役目が与えられた。それは「床山」という仕事だった。

第5章　天龍源一郎の「床山」としてアマリロ地区に出発

天龍は入団会見の後、すぐに巡業に帯同することになった。相撲と違って、プロレスは個人行動が多い。巡業に合流した天龍は右も左もわからない感じで、みんなも誘いづらいのか一人でいることが多かったから、よく声をかけて一緒に食事に行った。

相撲出身者にとって、巡業生活以上に大変なのは練習だ。巡業中、昔からの知り合いということもあって俺も天龍の練習を見ることになった。俺もそうだったようにブリッジやスクワットといったトレーニングは相撲ではやることがないから、基礎体力の練習も最初はキツかったはずである。

中でも天龍が苦戦していたのは、受け身だった。試しにボディスラムで一発投げたら、「うっ…」と悶絶し、そのまま起きてこない。

「おい、どうした?」

「マットは、もっと柔らかいものだと思っていた…」

相撲出身者に限らず、プロレスの世界に入ってきた人間が最初に受ける洗礼だ。

摺り足が基本の相撲の出身者には、ロープワークも難しい。リングの下にはスプリングが入っているから土俵と違って揺れるし、しっかりバランスを取らないとスムーズに走れないのだ。天龍は、この受け身とロープワークに苦労していた印象がある。

エリートのジャンボと同じく、元前頭筆頭として鳴り物入りで入団した天龍もすぐに海外修行に出されることになった。行き先は全日本の外国人ブッカーだったザ・ファンクスが仕切るアマリロ地区である。

この時、思わぬ形でチャンスが巡ってくる。俺も一緒にアマリロに行くことになったのだ。巡業中、馬場さんから声をかけられた。

「おい、桜田。お前は髷が結えるんだって？」

「はい。相撲時代に覚えました」

「今でもできるのか？」

「できると思います」

「今度なあ、天龍がアマリロに行くことになったんだよ。知ってると思うけど、あいつは12月まで髷を切ることができないんだ。一緒に行って面倒を見てやってくれないか」

本当に出発する直前のことだったが、俺はずっと海外に行きたいと思っていたから、またとない話である。

天龍は、全日本に入団した後も髷を切っていなかった。理由はこの年の12月に妹さんの結婚式が決まっていて、その席に相撲取りとして出席するというのが父親との約束だったらしい。そうなると、アマリロへ行っても髷を結える人間が必要だ。

「ぜひ俺もアメリカに行かせてください」

「10月30日に出発だから、お前も準備をしておけ」

そう言われて、俺は大慌てで渡米の用意をした。このシリーズを途中から欠場しているのは、そのためだ。

瓢箪から駒のような話だったが、俺は念願の海外修行に出られることとなった。しかし、天龍が髷を切った後はどうすればいいのか。そんなことを考えていたら、馬場さんはこう続けた。

「天龍が12月に帰国して髷を切ったら、お前は自由にしていいぞ。そのままアメリカに残ってもいいし、帰国したいなら一緒に戻ってきてもいい。向こうに行ったら、いろいろ考えることもあるだろう。どうするかは自分で決めろ」

どっちでもいいというなら、迷う必要はない。俺は行く前から、そのままアメリカで仕事をするつもりだった。

ちなみに、俺がなぜ髷を結えたかというと、別に練習したわけではない。立浪部屋にいた時、休みの日に床山さんが来て、みんなの髷を結っているのを見ているうちに自然と覚えたのだ。実際に自分で試してみて、わからないところは床山さんに聞いた。そのうちに一人で結えるようになったのだが、今になって振り返れば、それにより俺の人生は変わったとも言える。

こうして俺と天龍は1976年10月30日に成田空港を発ってハワイに向かい、馬場さんのコンドミニアムに何日か滞在した。この時に、備え付けのプールで天龍にドロップキックの練習をさせていたら、他の住人が文句を言ってきた記憶がある。その後、ロサンゼルスを経由して、11月7日にテキサス州アマリロに入った。

「とんでもない田舎だなあ」

それがアマリロの第一印象だった。ファンクスの地元ということで日本のプロレスファンには有名な土地だが、観光地でもないし、今も昔も普通の日本人はまず行かないところである。

ここは駅前も何もなく、ずっと先まで真っ平らで隣の駅が見るくらいだ。しかも、その駅には、どこかに売られていくのか牛がたくさん集まってくる。そして、その牛のウンコの臭いが風に乗って流れてくるから堪らない。冗談ではなく、あまりにも強烈な臭いに俺は倒れそうになった。

現地に到着して4日後の11月11日、俺と天龍はエキシビションとして相撲マッチの3本勝負をアマリロのスポーツアリーナで行うことになった。

以前、アマリロ地区で大熊さんが相撲マッチをやったことがあるらしく、現地には本物の廻しが2人分あった。まだ相撲を辞めて間もない天龍はいいかもしれないが、こっちは相撲を離れて何年も経っているから人前でケツを出すことには抵抗がある。しかし、プロモーターの指示には従わなければいけない。しかも馬場さんの命令で来ているし、初っ端からゴネるわけにもいかず、俺は嫌々ながら久々に廻しを締めた。

いざ入場したら、ケツを丸出しにした俺の姿を見て、お客が顔を覆っている。試合形式は、普通に相撲をやるだけだ。ルールはリングを土俵に見立てて相手をロープに押しつけたら、「押し出し」で1本。あるいは投げ技で相手を倒しても1本だ。

試合前には、「すぐに終わらせないで盛り上げろ」と言われていた。とはいえ、アマリロの人間にとって、おそらく相撲はまったく未知の格闘技だったはずだ。インターネットもない時代に、こんな田舎で相撲という遠く離れた日本独自の文化に触れようがない。

そんな状況で盛り上げろと言われても、どうすればいいのか。しかも土俵と違ってリングは揺れるし、ルールにしてもロープに押しつけて、どうしてそれで負けになるのかお客には理解できないだろう。だから、俺たちはひとまず投げ技で決着を付けるようにした。そんなことをいろいろ考えながらの3本勝負だったので、意外と疲れた記憶がある。それほど盛り上がったという感触はなかったが、天龍を売り出すために相撲マッチはこの後も何度かやらされた。

あくまでも、俺の役割は床山である。ファンクスの役目は、天龍を一日も早く上で使えるレスラーに育てることだ。前述のようにジャンボはそのやり方で成功し、この時期は馬場さんに次ぐナンバー2の地位にいた。

だが、何事にも早咲きと遅咲きというものがある。天龍は日本で巡業中に少しだけプロレスを教わったが、2週間程度で覚えられるわけがない。ここで天龍はドリーやテリー、ジェリー・コザックらの指導を受けたが、俺はすでに5年のキャリアがあったから彼らに教わることはなく、天龍の練習相手を務めることになった。

当時のアメリカでは、日本のように団体が道場を持ち、新弟子にしっかりと基礎を教えるような環境がなかった。身体作りはジムで一人でできるが、キャリアの浅い選手は試合の日に早く会場に入って、キャリアを積んだ選手にお願いして細かい技術を教わるしかない。

天龍が教わるのは、腕の取り方や足の取り方といったプロレスの基本的なことである。俺が練習台となったが、すぐにうまくできるはずもなく、天龍は「見ているより大変だな…」とよくこぼしていた。

天龍は現地に着いて1週間後、11月13日にヘレフォードで早くも正式にデビューした。相手はテッド・デビアスで、結果は時間切れ引き分けだった。

この日、俺はコロラドスプリングスのシティ・オーディトリアムでミスター・サクラダを名乗り、ペッツ・ワトレーと対戦した。これが現地で最初の試合である。天龍とは違う会場での試合だったが、この頃のアマリロ地区は時間を変えて、2ヵ所に分かれて試合をやることも多かった。俺は自分の試合を終えてからヘレフォードに向かい、天龍の初陣を見届けた。

この頃の俺のコスチュームは、ショートタイツに地下足袋だった。地下足袋は全日本のレフェリーだったジョー樋口さんのアイディアで、74年にニュージーランドに行った時から履いていた。レスリングシューズよりも動きやすく、長年愛用することになる。

この当時のアマリロ地区は故ドリー・ファンク・シニアの弟のハーマン・ガストが一番上にいて、ドリーがその下で現場を仕切り、カードを決めたりしていた。ここのサーキットはアマリロを拠点に曜日ごとに試合をする場所が決まっており、エルパソ、オデッサ、ラボックなどを回る。

アマリロ地区に入った当初、俺と天龍はホテルに泊まっていたが、途中からアパートを借りて住むようになった。まだ向こうの免許も車も持っていなかったから、移動の時は他のレスラーの車に同乗させてもらった。この頃、俺たちをよく自分の車に乗せてくれていたのがタンク・パットンだ。彼は非常に親切で、休日には買い物にも連れて行ってくれた。

アマリロ地区のサーキットは基本的に毎日アパートに帰ってこられる距離なので、移動はそれほどキツくない。ただ、場所によって時差があったりする。最初はそれを知らずに移動していて、自分たちは時間通りに入ったつもりが、時差の関係で会場入りが遅れたこともあった。

俺がここで対戦したのは、アレックス・ペレス、スウェード・ハンセン、デニス・スタンプ、スーパー・デストロイヤー（アート・ネルソン）、ブラック・ゴールドマン、リッキー・ロメロ、テッド・デビアス、ジョニー・ウィーバーといった面々である。ポジションはヒールだった。

一方、デビューしたばかりの天龍はリングに上がるだけで精一杯の状態だ。試合をコントロールして、お客を沸かすことが仕事のヒールは技術的にまだ無理だったから、自動的にベビーフェースだった。

初めてのアメリカで生活環境に慣れていなかったからか、アマリロ地区でどんな試合をしていたかはあまり憶えていないが、中には日本から来ている俺たちに嫌がらせを仕掛けてくる相手もいた。こちらの力量を試すかのように、キツイ打撃を入れてきたりするのだ。

このようにナメたことをしてくる相手には、きっちり対処しないといけない。キツイ打撃が来たら、すぐに同じようにキツイ打撃を返す。関節を極めにきたら、しっかりディフェンスし、逆に関節を取りにいく。そうしなければ、海外では自分の居場所を守ることはできない。相手も「こいつはできるな」と思ったら、後はおかしなことはしてこないものだ。

当時、日本でどういう報道をされていたかは知らないが、天龍は新人だから試合があまり組まれなかった。そういう時は一緒に会場に行って練習だけはして、その後は他の選手の試合を見ていた。俺は自分が教わってきたことを細かく天龍に教えたつもりだ。

そして、12月に天龍は予定通り、妹さんの結婚式のために一時帰国した。向こうに戻っている間に断髪式を行うので、俺の床山としての役割もおしまいだ。

髷を切った天龍は、再びアマリロに戻ってきた。しかし、年が明けて77年になると、俺はここを離れてルイジアナ州を拠点とするトライステート地区に移ることになる。

これはディック・マードックからの誘いがきっかけだった。マードックは日本プロレスにも来ていたし、全日本でもレギュラーだったから面識はあった。アマリロでも試合をしていて、会場で俺のファイトをチェックしたのだろう。ある日、彼から電話がかかってきた。

「サクラダ、テリトリーを変える気はないか？　俺がブッカーをしているルイジアナに来いよ」

まだアメリカでの生活を始めたばかりで、向こうのプロレスビジネスの仕組みがよくわかっていなかったから、馬場さんの指示で来たアマリロを離れることに不安はあったが、マードックのオファーは実に魅力的なものだった。

「キラー・カール・コックスは知ってるだろ？　彼のパートナーを探してるんだ。サクラダ、やってみないか？」

キラー・カール・コックスといえば、日本でも有名な大物レスラーだ。日プロでも全日本でもトップ扱いで、馬場さんのライバルのひとりである。そんなビッグネームのパートナーという最高のオファーに乗らない手はない。俺はアマリロを離れ、ルイジアナに行くことを決めた。

もちろん、デビュー間もない天龍をアマリロに一人で残していくつもりはなかった。自分で言うのも何だが、俺はそんな薄情な人間ではない。髷の問題はなくなったとはいえ、天龍はまだまだプロレスラーとしての生活に不安を抱えていたはずである。

「日本から一緒に来ている天龍も連れて行っていいか？」

しかし、マードックの返事はノーだった。

「テンリューはグリーンで、仕事ができないからダメだ」

アメリカは、ビジネスに対してイエスとノーがハッキリしている。この時点で、俺は誰が相手でもそれなりの試合はできていたと思う。しかし、天龍はまだ相手に引っ張ってもらわないと試合にならない。だから、どうしてもメンバーから外れて休みになることが多かった。馬場さんの依頼をビジネスとして請け負っているファンクスと違い、マードックが全日本の人間の面倒を見る理由はない。天龍には悪いが、俺は単身でアマリロを出ることにした。

アメリカでテリトリーを変えることは、さほど難しいことではない。契約書があるわけではないから、アマリロを離れる時も「来週で辞めるから。ルイジアナに行くことになった」とオフィスに伝えると、「ああ、そうか。わかった」で終わりだ。もちろん、地区のトップとしてストーリーが組まれていたら抜けられないが、それ以外の選手が出る時はあっさりしたものだ。

俺がアマリロを離れた後、心配して天龍に電話をしてみたら、「TVマッチしか出ていないよ」と嘆いていた。当時、TVマッチのギャラは1試合＝30ドルくらいだった。それが1週間に2試合では金にならない。俺の知らないところで、天龍は随分と苦労したはずである。

第6章 〝最高の手本〟キラー・カール・コックス

海外ではテリトリーに入る時点で、ある程度ポジションが決まっており、原則的に上を取る選手は最初から上で使われる。

もちろん、下や真ん中で試合をこなしていく中で、ブッカーに認められて扱いが良くなっていくこともあるし、その逆で格下げになることもある。いずれにしても仕事ができなければ、すぐにクビを切られるシビアな世界だ。トライステート地区では大物のキラー・カール・コックスのパートナーということもあって、俺は最初からトップとして入っていくことになった。

同地区での初戦は1977年1月11日、シュリーブポートでのアベ・ヤコブ戦である。一部ではこの頃のリングネームが「デューク・サクラダ」と報じられているが、俺は一度もその名前を名乗った憶えはない。この頃に使ったとされる「スーパースター・サクラダ」というリングネームも同様で、俺自身が名乗ったわけではない。プロモーターがそんな名前でカードを発表したのだろうか。

この地区で現場を仕切っていたのはビル・ワットだが、その上にいたのがレロイ・マクガークというプロモーターだ。彼は元レスラーで目が見えなかったが、会場でお客がどんな反応をしているかを自分の耳で聞き、選手のパフォーマンスを査定していた。

俺を誘ってきたブッカーのマードックはリング上ではベビーフェースのトップで、他にベビーフェースはジェリー・オーツ、ジャンクヤード・ドッグらが上を取っていた。対するヒールのトップはコックスで、ワルドー・フォン・エリックも上で使われていた。

トライステート地区は、アマリロ地区と違ってテリトリーが広い。ルイジアナ、ミシシッピ、オクラホマと移動の連続で帰る時間がまったくないから、アパートは借りずに毎日ホテルに泊まる日々が約1年間続いた。荷物は仕事用と着替え用のカバンを2つ持ち歩き、移動はコックスの車でほとんどの場合は2人きりだった。

長距離の移動はかなりキツかったが、ルイジアナはフランス系が多いから、飯が美味い。ガンボスープは大好きだったし、海老も安くて、よく湯がいて食った。

リング上での仕事はといえば、こちらもかなり充実していた。この時にコックスのパートナーを務めたことによって、俺はレスラーとして大きく成長できたと思っている。

コックスは荒々しく魅せるのも巧かったし、腕を取ったりする基本もしっかりしていた。派手なことをやるわけではないが、細かいことが巧く、やられる時の受けっぷりもいい。お客をいじったり、レフェリーに罵声を浴びせたりして、相手と組み合わなくても試合をすることができた。

大きな会場で試合をする時は、ジェスチャーで遠くの観客まで届かせることも大事だ。何も持っていないのに凶器を持っているように見せて、それを隠す振りをすると、お客が沸く。プロレスというものはレスラーとも対戦しているのだが、本当に戦っている相手は、ある意味でお客だ。そういったことも、俺はここで学んだ。

極端なことをいえば、カッコいいところだけを見せればいいベビーフェースは誰でもできる。そのベビーフェースを光らせるために、お客からヒートを取って試合を作っていくのはヒールの仕事だ。そのイロハをコックスに教えてもらった。

「今は受けに回る時間だ」

「ここはお客を思い切り煽れ」

「まだ相手にタッチはさせるな」

そんなことを口にしながら、コックスは試合の中で大事なポイントを教えてくれた。

もちろん、一から十まで事細かなアドバイスがあるわけではない。だが、コックスがどうやってお客を沸かせているか間近で見ているから、それを参考に自分で考えながら試合をした。第2章でタッグマッチについて少し書いたが、エプロンで控えている時に何をすればいいかということもコックスを見ていると、いい勉強になった。

俺は試合の基本は日プロで教わっていたが、さすがにお客のいじり方までは教えてくれない。コックスはレスラー人生の中で、俺が最も影響を受けた人物のひとりと言ってもいい。

コックスは白人至上主義団体「クー・クラックス・クラン」と同じKKKのイニシャルで、それをギミックとしていた。このテリトリーは、アフリカ系の黒人が多い土地柄だ。そんな場所でKKKのキャラクターとヒールファイトをやるには、それなりの覚悟が必要だ。熱狂すると何をするかわからないお客もたくさんいたから、コックスは常に護身用の拳銃を所持していた。

俺はコックスと組んで、連日メインイベントに上がった。アメリカマットでスペシャルな存在だったアンドレ・ザ・ジャイアントと初めて当たったのも、この時期である。初対戦は77年3月6日、スプリングフィールドで俺はコックス&ジョン・トロスと組み、アンドレ&マードック&オーツとぶつかった。

77年1月に『ミスター・サクラダ』としてトライステート地区に入った俺はキラー・カール・コックスのパートナーとなり、彼からヒールの「奥義」を習得することができた。

その4日後には、ニューオーリンズのスーパードームでコックスと組み、再びアンドレ&オーツと戦った。スーパードームは、7~8万人くらい入る大きな会場だ。アンドレのようなスター選手が出ると、ここが満員になる。会場の上の方、つまり安い席は黒人だらけで、下から見上げると、たくさんの白い目だけが動いていて異様な光景だった。

この地区ではコックスとのコンビでマードック&オーツと抗争し、着実に俺はレスラーとしてのステータスを上げていった。そんな時、日プロ時代の先輩と再会を果たす。4月になると、上田馬之助さんが「ミスター・イトウ」の名でルイジアナに入ってきたのだ。

「おおっ、桜田くん、アメリカにいたのか！　元気そうだね」

「上田さん、お久しぶりです！　ここには1月から上がっています」

「そうだったのか。今日は一緒に飯でも行こうか?」

第3章で触れたように、俺は上田さんと一緒にアメリカへ行く予定だった。会うのはそれ以来だが、元付き人の分際で「あの時、どうして黙って行ってしまったんですか?」と問い詰めることなんてできない。もちろん、上田さんの方からも、その件に関して何の説明もなかった。久々に顔を合わせた時は少々緊張したが、以前と変わらず優しい上田さんのままだったから安心した。

結局、置いてけぼりにされた件は最後まで聞けずじまいだった。まあ、終わったことはいいだろう。やはり海外で日本人に会うと嬉しいものだ。上田さんは炊飯器や鍋などキッチン道具を車に積んでいたから、モーテルでよく俺の分まで飯を作ってくれた。アメリカに来てから1年近く日本食を食べていなかったから、これもかなり嬉しかった。

ただし、少し複雑な部分もあった。俺はコックスとのコンビでヒールのトップだったが、上田さんは真ん中より下の扱いだった。試合のギャラは、選手のポジションによって3段階ぐらいに分かれている。当然、上田さんのギャラは低く、俺は上を取っていたから金額は良かった。この格差が気まずかったのだ。

ご存じのように上田さんはヒールとして日本に逆上陸し、国際プロレス、新日本プロレス、全日本プロレスで活躍した。この頃は、ちょうど新日本でタイガー・ジェット・シンと組み、大暴れしていた時期だ。しかし、ファイトスタイルはのらりくらりという感じで、オーバーなアピールもないから、正直言ってアメリカマットには向いていないのかもしれない。

そもそもこの時に上田さんは2ヵ月だけルイジアナに滞在して、日本に戻ることになっていた。向こうでは長い期間滞在しないとわかっていたら、上では絶対に使わない。理由は簡単で、大事なストーリーに組み込めないからだ。そういうことも影響して、上田さんのポジションは下だった。付き人だった俺よりも前に試合をするから気分は良くなかったはずだが、上田さんは何も言わなかった。その温厚な性格のおかげで短い時間ではあったが、何のわだかまりもなく付き合うことができた。

そういえば、アメリカで車の免許を取ることができたのも上田さんのおかげだ。この頃、まだ俺は満足に英語が話せなくて、文章を読むこともできなかったから、免許を取るのは難しかったが、上田さんが試験場に連れて行ってくれた。

俺は日本では免許を持っていたので、実地試験は問題なかった。壁となるのは、筆記テストである。標識のマークはわかっていても、英語で書いているから何がなんだかわからない。そこで上田さんが横に座り、日本語で答えを教えてくれたのだ。

結果は、無事に合格である。向こうは州によって免許証が違い、俺はルイジアナの他にもフロリダ、テキサス、カナダの免許証を持っている。カナダは少し難しかったが、アメリカは受かることが前提の試験だから基本的にゆるい。小沢選手がフロリダで免許を取った時、バックしている最中にポールを倒したのに合格だったという話もある。日本ではあり得ないが、向こうでは普通にあることだ。

アマリロではタンク・パットン、ルイジアナではコックスが移動の時に車に乗せてくれたから良かったが、アメリカでは車がないと一人ではどこにも行けない。免許を取った後、マードックに車屋を紹介してもらい、俺は新車のサンダーバードを購入した。

確か6000〜7000ドルぐらいしたはずだが、決して高いとは思わなかった。この頃は週に1000ドルはもらっていたし、2ヵ月に一度スーパードームで興行がある。このビッグショーで上を取ると、ワンマッチで何千ドルも手に入るのだ。俺がワンマッチで一番高いギャラをもらったのも、やはりスーパードームの時だったと思う。相手は覚えていないが、金額は4000ドルだった。

ちなみにアメリカでのギャラの支払いは、小切手だ。だいたい週給＝〇ドルという契約になっていて、プロモーターの部下から小切手を受け取る。それを銀行に持っていって、キャッシュと交換するのだ。

そういえば、後にメキシコにいた時に小切手が無効になり、ギャラをもらいそびれたことがある。あの時はレスラー仲間から「サクラダ、早く換金した方がいいぞ」と言われていたのに、なかなか銀行へ行く時間が取れなかった。他の選手よりも少し遅れて行ったら、無表情の銀行員にこう告げられた。

「その口座には、お金が入っていません」

「えっ……」

これで終わりである。小切手は、ただの紙切れになってしまった。長く海外でやっていれば、こんな目に遭うこともある。

このルイジアナ時代には、大きなケガもした。ジョニー・マンテルとの試合で、ファイヤーマンズ・キャリーをやられた時に肩からマットに突っ込み、鎖骨が離れてしまった。アマレス出身のマンテルは受け身が取れない感じで投げてきて、変な落ち方をしてしまったのだ。

この時のケガのせいで、俺は今でも鎖骨が不自然に浮いたような形のままだ。あの時は肩がまったく上がらなくなり、10日間ほど休むことになったのだが、驚いたのはケチで有名なプロモーターのビル・ワットがその間もギャラを出してくれたことだ。それだけ俺のことを買ってくれていたのだろう。

このトライステート地区での仕事は、77年の秋でフィニッシュした。ここから俺はカナダのカルガリーに向かうのだが、その前にテキサスのリングにも上がった。

12月9日にはヒューストンでマードック&バロン・フォン・クラップ（キラー・カール・クラップ）と組み、ペドロ・モラレス&ホセ・ロザリオ&アル・マドリルと対戦したし、同月28日にはサンアントニオでタリー・ブランチャードとシングルをやっている。これらは、いずれもマードックのブッキングだった。

マードックは顔が広く、レスラーとしても試合が抜群に巧かった。何がいいのかというと、アイディアが違う。とにかく間合いをしっかり読んで動くし、「そう来るのか⁉」と思わせるところもあれば、機械のような正確さもある。流れるように動きが繋がるから、いつまでも試合を展開していけるような相手なのだ。

ただし、マードックはヘタクソな選手には厳しかった。こいつはできないと思ったら、一方的に試合を終わらせてしまう。日本でファイトをしている時も、そういう部分があったのではないだろうか。

マードックは日本人は好きだったが、黒人は嫌いで、「あのニガー！」と口にすることもあった。嫌っていた理由はわからないが、いわゆる肌の色云々ではなく、黒人が生活保護を受けながらピカピカのキャデラックに乗っていたりすることに腹を立てている白人というのもいる。そういうことも、アメリカに来て初めて知った。

ルイジアナ時代の最後の方は英語を聞き取れるようになっていて、レスラーやプロモーターとの会話も不自由しなかった。ただし、困ったのは電話だ。相手の話を聞いている分にはいいが、こっちから何か伝える時は身振り手振りが通じないから、もどかしかった。今はホテルでも飛行機でもインターネットで簡単に予約できるから、本当にいい時代になったものである。

第7章　「地下牢」で若き日のブレット・ハートを指導

　1978年1月から、俺はカナダのカルガリー地区に入った。理由はビザの問題である。

　トライステート地区で約1年間仕事をしてきたが、ワーキングビザを作ってもらえなかった。その件をカナダにいた安達さんに電話で話すと、「ビザなんかすぐに取ってやるから、こっちに来いよ」と誘われ、俺はアメリカを出ることを決めた。

　マードックの紹介で買ったサンダーバードで、俺は約3600キロのロングドライブを決めこんだ。アメリカ南部のルイジアナから国境を越え、カルガリーまでは1日16時間くらい運転して2日かかる。

　しかし、国境を越える際に税関で引っかかってしまった。カナダでのワーキングビザは、プロモーターのスチュ・ハートが取ってくれるということになっていた。しかし、この時はまだ観光ビザしか持っていない。それなのに新車に乗っていたから不審に思われ、出国を止められてしまったのだ。

「この車をカナダで売るつもりじゃないのか？」

「いや、そんなつもりはない。俺はレスラーで、仕事をするために来たんだ。これは移動用の車だよ」

しかし、税関の連中は納得せず、俺もあまり英語が喋れなかったこともあって半日ぐらい足止めを食らったが、幸運にもたまたま日本語を喋れるおばさんがいて、俺に助け舟を出してくれた。

「彼は本当にプロレスラーなんだけど、ずっとワーキングビザがないまま試合をしていたそうよ」

おばさんに事情を説明してもらうと、罰金として3000ドルを払えば通してくれるということになった。ルイジアナではだいぶ稼いでいたので、俺はすぐに金を払った。以後の3年間、この車を売らなければ罰金は返すという話で、実際に3年後には本当に全額戻ってきた。

さて、ここカルガリー地区は多くの日本人レスラーが修行をした場所として、プロレスファンにはお馴染みのテリトリーだろう。拠点となるアルバータ州カルガリーはロッキー山脈の麓とカナダ平原の間に位置し、冬は気温がマイナス30度になる日もあるほど寒さが厳しい。

　試合が終わってシャワーを浴びようと思ったら、お湯が出なくてマイナス25度の中で水を被ったこともある。ここの冬の寒さは北海道育ちの俺でも堪えたが、自然が豊かで、環境的にはいいところだ。流れ星をたくさん見ることができるし、冬になるとオーロラも見られる。初めてオーロラを見た時は、こんな俺でもあまりの美しさに目を奪われた。

　このカルガリー地区を仕切るのは前述のスチュ・ハートで、スタンピード・レスリングという団体を主宰していた。後にWWF（現WWE）でトップを取ったブレット・ハートやオーエン・ハートの親父である。

　スチュも元々はレスラーで、自宅にある「ハート・ダンジョン」と呼ばれる練習場で数多くの選手を鍛えたことでも有名な人物だ。ちなみにここは特にオフィスはなく、スチュの自宅が事務所代わりだった。

　カルガリー滞在中は、俺もハート・ダンジョンで練習をしていた。「ダンジョン」とは「地下牢」という意味で、ここも正確には「半地下」の構造になっている。

　これは寒い時は暖かく、暑い時は涼しくなるように考えられていて、カナダではわりとポピュラーな造りだ。丸っきり地下に部屋があるわけではなく、部屋の半分は地面の下にあるが、上部には窓があり、光が入ってくる。このダンジョンは本来は物置きにするようなスペースであり、実際にハートのところも大きな洗濯機や乾燥機などが置かれていた。道場とはいってもリングはなく、同じくらいの大きさのアマレスマットが敷かれているだけだ。

ウェイト器具も少しだけ用意されていたが、ここは基本的にレスラーたちが極めっこ、いわゆるシュートの練習をする場所だからリングはなくてもいいのだ。プロモーターのスチュは、ガチガチのファイトが好きだった。それもあって俺は気に入られ、彼から「息子にレスリングを教えてやってくれ」と頼まれた。その息子とは、ブレットである。

後に〝ヒットマン〟としてスーパースターになるブレットはまだレスラーデビューの前段階として、当時はレフェリーをやっていた。極めっこの練習をしていると、まだ子供だったオーエンが「僕にも教えて」とせがんでくる。傍に来て俺たちの動きを真似するのだが、「お前はまだ小さいからダメだ」と言って俺は教えなかった。

だが、やる気満々だったオーエンとは対照的に、ブレット自身は俺との練習が嫌だったようだ。俺は日プロ流に厳しく教えるし、関節技を極められるのも嫌がっていた。俺がダンジョンへ行くと、いつもどこかに隠れてしまうから、一番下の妹に「ブレットを探してこい」と命令して、無理やり練習をつけた。

同じ頃、国際プロレスの原進にも、このダンジョンでレスリングを教えた。後の阿修羅・原である。

原は国際プロレスにとって期待の大型新人だったようで、カルガリーには吉原功社長も同行していた。ジャンボや天龍と同じように、すぐに海外修行に出して経験を積ませ、一日も早く戦力に育てたかったのだろう。

俺は吉原社長に頼まれて、原にプロレスのイロハをアドバイスすることになった。何かの本で国際プロレスのブッカーだった大剛鉄之助氏が「俺が原を教えた」みたいなことを言っていたが、実際に彼が原の練習を見たのは1回か2回程度である。そもそも大剛氏は、スチュの下で仕事をしていたわけでもない。カルガリーで試合の後にみんなが食事していると、偶然を装って合流してくることもあったが、誰にも相手にされていなかったという印象がある。

原はラグビー出身だから格闘技もレスリングも知らないし、はっきり言ってプロとして何もできなかった。話を聞くと、日本でデビューして、まだ1ヵ月も経っていないという。

だが、身体は頑丈だったし、大仁田と違って我慢強かった。ハート・ダンジョンにあるのはアマレス用のマットだから、プロレスのリングのようなクッション材は入っていない。その上で受け身を100回取らせると、本人は腰が痛かったようだが、最後まで弱音は吐かなかった。

話をリング上に移そう。俺がカルガリーにいた時のベビーフェースのトップはレオ・バークで、ヒールのトップがミスター・ヒトこと安達さんとマイケル・マーテル（フレンチ・マーテル）だった。

俺が地区入りした当初は安達さんがマーテルとのコンビで現地版インターナショナル・タッグ王座を保持していたために、俺はシングルの試合が多かった。トップのレオ・バークをはじめ、ヒューバート・ギャラント、ベロモ・サルバトーレらとのカードが組まれたから、ルイジアナの時と同様、最初から上の扱いだったと言っていい。

カルガリーのサーキットも、移動がなかなか大変だ。俺の車で安達さんと一緒に移動していたのだが、移動距離は長いし、冬は雪が降って路面が凍る。

このテリトリーのメインの試合会場は、カルガリーとエドモントンだ。この2つだけはスチュも自らキャデラックを運転して会場に来る。その他の現場は各地にローカルプロモーターというのがいて、彼らが取り仕切っていた。

その中で一番嫌だった場所は、サスカチェワンだ。ここはお客が入らないし、特に寒い。冬はスケートリンクに板を敷いて、その上にリングを作って試合をするのだが、こっちは裸で試合をするのだから、堪ったものではない。

カルガリーではスチュがシュート好きということもあって、レスリングが重視される。いや、あの時代はカルガリーに限らず、レスリングができないレスラーはすぐに飽きられてしまう。トップのレオ・バークは地味だが、レスリング技術はしっかりしていた。

カナダはフランス系の住民が多く、英語とフランス語が公用語だが、カルガリーはイタリア人も多い。そのために会場に来るお客は熱狂的で、試合中に興奮しすぎる奴も少なくなかった。俺はいわゆるスニーキーファイトはせず、ガンガン行くタイプのヒールだったから、お客からはかなり憎まれた。日本で仕込まれたレスリングの基本に加え、ルイジアナでキラー・カール・コックスから一流のヒールファイトを学んだことは、やはり大きかった。

このカルガリー時代、エドモントンでお客と揉めたことがある。試合中、イタリア人のお客がリングサイドまで来て俺の足を引っ張ったので、こっちも頭に来て蹴飛ばしてやったら、今度は怒ったイタリア人たちが集団でリングに上がってきた。そこまで興奮させたのだから、俺はヒールとしてちゃんと仕事をしていたということになる。

血の気の多い男たちが敵意剥き出しで向かってこようが、こっちも引くわけにはいかない。俺がその連中をボコボコにぶん殴ったものだから、会場は大混乱だ。警備の人間や他のレスラーが間に入って、その場は何とか収まったものの、これで終わりではないのが海外のプロレスである。

試合を終えて帰ろうとしたら、10人ほどのイタリア人が外で俺を待っていた。さすがにこれ以上の揉めごとはゴメンだから、俺は彼らの目に触れないように裏口からそっと出た。この時の騒ぎは裁判になったものの、オフィスの方がうまく処理してくれたので俺自身は何のお咎めも受けていない。

ここはスチュのお膝元だから、当然ハート兄弟はベビーフェースだ。俺が入った頃、スミス、ブルース、キースはすでに試合をしていた。残念ながら、この3人はプロレスのセンスがなかった。それでも父の威光でキースやブルースは試合が組まれていたが、著しく能力の落ちるスミスは休みが多かった。自分の親がプロモーターなのに試合が組まれないのだから、その力量がどれほどのものかわかるだろう。

カルガリーでは、日本人のミゼットレスラーとも出会った。リトル・トーキョーと名乗る彼は日本で生まれ、以前は東京に住んでいたという。生まれつきの小人症ではなく、子供の頃に高熱を出した影響で身長が伸びなくなってしまったそうだ。

彼は端正な顔立ちをしていて、ミゼットレスラーの中でも高い人気を誇っていた。ミゼットの試合は真ん中辺りを取るから、そこそこ稼げていたはずである。カンザスシティにはミゼットレスラーを仕切る小人症のおじさんがおり、彼が各テリトリーに電話を入れて選手を送っていた。コメディー的な要素のあるミゼットの試合は特に子供のウケが良く、当時は親子で楽しく見られるアトラクションのような感じで興行の中で重要な役割を担っていた。

ここでは稲妻二郎ことジェリー・モローとも、顔を合わせた。彼はフランス領マルティーニクの出身だが、国際プロレスの留学生だったから日本語はペラペラだ。俺と安達さんで、モロー&ジョージ・ウェルズのコンビと抗争したこともある。

個性豊かなメンバーが揃う中、俺は常に真ん中より上で試合を続けていた。そして、78年5月20日にはレオ・バークが保持するノースアメリカン・ヘビー級王座に挑戦し、ベルトを巻くことができた。これはスタンピード・レスリングの看板タイトルであり、ここで完全にトップを獲った証である。

このベルトは約4ヵ月にわたって保持したが、その間にさらなるチャンスが巡ってきた。7月1日の挑戦者決定戦で再びバークを破り、時のNWA世界ヘビー級王者ハーリー・レイスにチャレンジすることになったのだ。

7月8日、エドモントン・パビリオンで俺はレイスのベルトに挑戦した。組み合わせ的にはヒール同士だったが、カルガリーでは俺がトップヒールだから、レイスへの声援の方が大きかったように思う。結果は、両者リングアウトの引き分けだった。

俺もここでは上を取っているから、負けることはできない。これは妥当な結果であり、日本では絶対に実現しなかったであろう大きな舞台を味わえたことは嬉しかった。

レイスは、基本的に自分のリズムで試合をするタイプのレスラーだ。自分の動き方、やり方があるから、人のペースに合わせようとはしない。NWA世界ヘビー級王者は各テリトリーを回り、地元の選手を引き立てつつ、お客の心理をコントロールするのが仕事だ。レイスも試合の組み立てには、自信があったのだろう。

しかし、決してワガママなわけではない。自分のリズムで試合をやれてさえいれば、こっちの攻撃もしっかり受けてくれる。ここは俺の時間、ここはお前の時間、ここでヒ

俺はカルガリー地区でもトップヒールとなり、78年1月ハーリー・
レイスの持つNWA世界ヘビー級王座にも挑戦した。

ートを取る…といった具合にレイスなりの配分があるのだ。彼のペースでやっていれば、こっちの見せ場も作れるし、試合が大崩れすることはない。もちろん、俺もレイスが作る流れに乗っかった。それは日本で馬場さんが挑戦した時も同じだったはずだ。

レイスに挑戦した翌週の7月13日には、エキシビション・オーディトリアムでムース・モロウスキーと組み、アンドレ・ザ・ジャイアント&マグニフィセント・ズールと対戦している。アンドレとはルイジアナ時代にも対戦しているが、彼は試合も巧いし、性格も優しい奴だ。試合で一緒になると、よく彼の方から飯に誘ってくれたものだ。

アンドレのような大きい相手と対戦する時は、基本的に殴る蹴るで試合を作っていく。ブレーンバスターどころかボディスラムで投げたりもできないし、俺はヒールだから荒っぽく殴り、あとは首を絞めたり、髪を引っ張ったりといった反則でヒートを取っていくのだ。アンドレは身のこなしも良かったから変な体重のかけられ方をすることもなく、サイズは違っても試合はやりやすかった。

このカルガリー時代には、日本でも有名な『ハノーバー・トーナメント（ウェルト・カップ１９７８）』に招聘され、西ドイツに遠征した。俺にとって、初めてのヨーロッパである。

開催期間は9月7日から10月22日まで約1ヵ月半で、毎日同じ会場で試合をする。これはドイツやオーストリア独特の興行形式だが、レスラーとやることが目的のアリーナラッツのような女の子がいるところはアメリカと同じだった。

この年は日本代表として俺（カズオ・サクラダ）、阿修羅・原（ススム・ハラ）の2人が出場し、安達さん（キヨ・カイト）はモンゴル人という設定だった。トーナメントの主催者は、エドモンド・ショーバーというプロモーターである。

他にワイルド・サモアンズのアファ・アノアイとシカ・アノアイがサモア代表でいたり、アメリカ代表はマイケル・ヘイズやジャンクヤード・ドッグ、カナダ代表はブルースとスミスのハート兄弟やムース・モロウスキー、プエルトリコ代表はヘラクレス・アヤラ、イギリスからはダイナマイト・キッドなどがエントリーしていた。

当時のヨーロッパの試合は、1R4分のラウンド制である。俺はレスラー人生の中で、格闘技戦やデスマッチからルチャ・リブレまでいろいろ経験したが、このラウンド制はあまり好きになれなかった。ファイトスタイルは基本的に変えなかったが、4分ごとに試合が中断されるのが厄介なのだ。

せっかく盛り上がってきても、休憩が入ると、お客も一息入れてしまう。そうなると、再開してから、もう一度お客を試合に引き込んでいく作業が必要になる。そこで俺はラウンド終了のゴングが鳴った後に、わざと相手を殴ったりした。

もちろん、反則である。だが、お客は俺の攻撃に怒り、休憩中もヒートしているのでリング上から意識が離れない。ちなみにドイツのお客は怒るとブーイングではなくて、笛をピーピー鳴らしていた。

ここのトップは、ドイツが地元のアクセル・デイターだ。俺から見れば、大したレスラーではない。技術がまったくなく、受け身も満足に取れないし、日本やアメリカでは通用しないレベルだった。

いくら地元のヒーローとはいえ、こんな選手の顔を立てる気はさらさらない。向こうでは寝ている相手を攻撃するのは反則なのだが、俺と安達さんはルールを無視して「そんなの関係ねえ！」とガンガン蹴っ飛ばしたから、お客がヒートしまくりだった。

困ったのは、現地のブッカーが「お前ら、やりすぎだ！」と本気で怒り出したことだ。そいつは控室で天井に向けてピストルをぶっ放し、そのまま銃口を安達さんに向けた。殺す気はなく、単なる脅しだったはずだが、さすがにあの安達さんも慌てていた。

向こうは日本語がわからないから、安達さんに向けて銃を構えているブッカーの背後に立っていた俺は、こう呟いた。

「安達さん、こいつを殴ってやろうか?」

すると、安達さんは血相を変えて「やめろ、やめろ!」と焦りまくっていた。結局、この時も事なきを得たものの、とにかく海外にいると、拳銃やナイフを持っている奴がそこら中にいるから、常に危険と背中合わせだ。

最終的に俺と安達さんはサモアンズを抑えて、『ハノーバー・トーナメント』のタッグ部門で優勝したから、それなりに評価されていたのだろう。自慢をするわけはないが、ルイジアナ、カルガリーに続いて、ここでもトップ扱いを受けたことになる。

試合会場はいつもフルハウスだったし、ドイツでの生活も楽しかった。名前は忘れたが、朝食に食べていたチーズを挟んだパンの味は今でも忘れられない。名物のビールも本当に美味く、安達さんや原と一緒に毎晩飲んでいた。

滞在していたホテルのオーナーも親切な人で、何度も食事に連れて行ってくれたし、オカマバーに連れて行かれたこともある。そういえば、向こうのタクシーはベンツなのだが、酔っ払ったサモアンズのシカがその上に飛び乗って、ボンネットをベコベコにへこませてしまったこともあった。

78年の秋には西ドイツの『ハノーバー・トーナメント』に参加し、ミスター・ヒトこと安達勝治（キヨ・カイト）さんとのコンビでタッグ部門を制した。

そんな感じで俺は危険な目に遭いながらも、気ままに暮らせる海外生活を満喫していたが、このドイツ遠征の前に全日本プロレスの米沢良蔵・取締役渉外部長から連絡を受けていた。

「日本に戻ってこないか？」

成田空港を発ってから、ここまで約2年。初めての帰国のオファーである。しかし、凱旋の舞台は全日本プロレスではなく、なぜか国際プロレスのリングだった。

第8章　スネーク奄美に拳銃の弾をプレゼント

１９７８年11月、俺は日本に戻った。

天龍の床山係としてアマリロ地区に入って以降、それまで全日本プロレスから連絡が来たことは一度もなかった。とはいえ、別に当てにしていたわけではない。俺は日本を発つ前から海外でやっていくと決めていたし、向こうでは仕事をする場所は自分で探すものである。

この時、俺に来たオファーは国際プロレスが開催する『日本リーグ争覇戦』に出場してほしいというものだった。理由や経緯は、よくわからない。全日本のリングへの凱旋帰国ではないという部分に少し引っかかりを感じたが、仕事は仕事だ。久々に日本の空気を吸うのもいいかもしれないという軽い気持ちで、俺はオファーを受けた。

俺にとっては関係ないことだが、日本では馬場さんと猪木さんの冷戦が続いていた。話を聞くと、この年の暮れに新日本プロレスが猪木さん、坂口さんら所属選手に加え、ヒロ・マツダさん、マサ斎藤さん、上田さんら海外を拠点にしている日本人フリー選手も参加して『プレ日本選手権』というリーグ戦を開催するという。これに対抗するべく馬場さんの協力のもと国際プロレスが『日本リーグ争覇戦』を開催し、俺はここに全日本の代表として出るということだった。

この『日本リーグ争覇戦』は吉原社長のプロレス生活30周年記念大会という名目で、国際と全日本の所属選手、フリー選手、さらに韓国と日系のレスラーの16名が参加した。俺たちは2ブロックに分かれて予選リーグを行い、各ブロックの上位3名とシードのジャンボ、大木さんを加えた8選手による決勝トーナメントで優勝を争うことになった。

正直に言うと、日本に帰れるのは、やはり嬉しかった。ただ、2年も海外にいて、ほとんど安達さんとしか日本語で会話をしていなかったから、成田空港に着いた時は不思議な感覚にとらわれた。周りにいる日本人の顔がみんな同じだし、欧米人に比べると、肌の色が黒く見える。このように海外に長期間いて、いきなり日本人しかいないという環境に身を置くと、違和感を覚える人間は結構いるようだ。

仕事に関しては、それほど特別な感情はなかった。リングが全日本でも国際でも、試合に臨む気持ちは変わらない。自分の役割を全うするだけである。この頃は、すでに俺の中では日本もテリトリーのひとつという感覚だった。

もちろん、俺も人間だから、日本にいた若手時代とは違う今の自分の姿を見せたいという気持ちはあった。後から聞いた話だが、ハーリー・レイスのNWA世界王座に挑戦したことなど俺の向こうでの実績は日本でも報道されていたという。

凱旋第1戦は11月3日、小田原市民体育館で俺はメインでプロフェッサー・タナカと組み、グレート草津&マイティ井上と対戦した。タナカは日系レスラーをギミックとしていたが、実際は中国系かフィリピン系のはずで、日本語は喋れなかった。

このタナカとは後にアメリカのダラス地区でも一緒になり、同じアパートに住んでいた。アメリカでは「トール・タナカ」のリングネームでファイトしていたが、彼はあまりトレーニングをするタイプではない。それなのにゴツイ身体をしていたから不思議に思い、「どうやって、その身体を作ったんだ?」と本人に聞いたことがある。

「壁に向かって思い切り力を入れ、息を止めて気合いを入れると、こうなるんだ」

タナカはそんな訳のわからないことを言っていたが、独自の呼吸法があるそうで、特別なフィジカルトレーニングはしていないという。

タナカは射撃の名人でもあった。昔、ガードマンをやっていた経験があるらしく、一緒に射撃場に行った時には何十メートルも離れた的を見事に撃ち抜いてみせた。向こうではいつもコルト45を持ち歩いていたが、さすがに日本には持ってこなかった。

しかし、巡業中にタナカが慌てふためいていたので事情を聞くと、とんでもないことを言い出した。

「サクラダ、困ったぞ。拳銃は向こうに置いてきたんだけど、バッグの中に弾が20個も入っていた。どうしよう？」

そんなことを相談されても困るが、挙句の果てにタナカはその弾をもらってくれと言ってきた。仕方なく俺は受け取ったものの、日本でそんなものを持っていても使いようがないし、トラブルのもとだ。そこで俺は国際の中堅選手だったスネーク奄美に声をかけた。彼も相撲の頃に一緒だった時期がある。

「拳銃の弾があるんだけど、いらない？」

「えっ、いいんですか⁉　ほしいです」

奄美は思わぬプレゼントを喜んでいたが、あの弾はその後どうなったのだろうか。奄美のことだから大丈夫だと思うが、どこかに流れてヘンなことに使われていなければいいのだが。当時のアメリカでは、タナカに限らずみんな拳銃を持っていた。俺も後にダラスの大規模なフリーマーケットへ行った時に、38口径の拳銃を20ドルくらいで買った。

今ではさすがにそんなところで拳銃が売っていることはないだろうが、昔はそれくらい簡単に買うことができた。

誤解のないように言っておくが、俺は人を撃ったことはない。あくまでも拳銃は護身用であり、ロングドライブのお供でもあった。向こうではどうしても車での移動が長くなるから、運転していると眠くなる時がある。そんな時は上空に向けて銃を撃ち、眠気を覚ましていたのだ。もちろん、昼間に撃つこともあった。そうすると、その辺にいるガキがみんな逃げていく。あの時代のプロレスラーなら、そんな遊びをしたことが一度ならずともあるはずだ。

話を『日本リーグ争覇戦』に戻そう。予選リーグは初戦で大木さんの弟子の梁承揮（力抜山）に勝利し、２戦目では海外に出る前は勝てなかった先輩の大熊元司さんにリングアウト勝ちと俺は好調な滑り出しだった。

その後はタナカと両者リングアウト、グレート草津、安達さん、マイティ井上とは30分時間切れ引き分けと勝てないながらも、負けもしない試合が続いた。俺は全日本からブッキングされた客人的な立場でもあったが、おそらく海外での実績も考慮されたのだろう。いずれの選手も、プロレスのキャリアでは先輩である。

はっきり言って、草津はヘタクソで癖があるから、30分も引っ張るのが大変だった。俺は標高の高いカルガリーから帰ってきてスタミナも余裕があったし、ガンガン動けたが、対する草津は付いてくるのがやっとだったと思う。

30分間試合をやるということは、最初から大技ばかり使ったり、派手な動きをしていたら、とてもじゃないが持たない。だから、普通は腕の取り合いなど静かな攻防から入るのだが、草津はまったく引き出しがなかった。

仕事ができない選手と試合をする時は、こっちが主導権を握って相手をコントロールするしかない。プロレスの試合というのは、ヘタな方に合わせないと不細工になる。できない相手に攻めさせてもいいのだが、すぐに手詰まりになるから、いずれにしてもこちらが攻めに転じることになるのだ。若手時代はこのように力量のない選手とやることで試合を覚える部分もあるのだが、もはやそんなキャリアではない。

草津は攻めるにしても動きにきめ細かさがなく、腕の取り方なども不器用だから、ビシッと決まらない。それでも何とかこっちが動かすことで試合を作っていった。

国際プロレスは不器用でアピールもヘタな選手が多い中、井上さんは巧い選手だったから、同じ30分でも草津との試合とはまったく違う内容になった。やはり引き出しを持っている選手と試合をすると、時間が早く感じられる。

偉そうなことを言うつもりはないが、日プロ出身者と国際出身者では、技術のレベルが違っていたように思う。全日本の若手時代に対戦することが多かった肥後宗典さんも国際の出身だが、しょっちゅう「ケツが痛い」と言っていた。受け身がヘタだから、いつもケツをぶつけるのだ。後に新日本やＳＷＳで一緒になる市ちゃんこと将軍ＫＹワカマツ（若松市政）も、元々は国際プロレスにいた。市ちゃんは「私は何でもできますよ」と自信満々に言っていたが、実際に見たら基本が何もできていなかった。

ラッシャー木村さんやサンダー杉山さんにしても器用ではないから、細かいことができない。国際系の選手はみんなタイプが似ていて、幅というかバリエーションがないという印象がある。どんな練習をしていたのか実際に見たわけではないが、試合をしていて日プロほど基本をやってきていないように感じたのは事実だ。プロレスというものは、「次はこれ」と頭の中で先の展開を思い描いて、身体で動かしていく。その場その場で考えて動いていたら、どうしてもワンテンポ遅くなるから、自然と身体が動くようでないといけない。国際の選手は、この部分も敏感ではなかったような気がする。国際の選手で巧かったのは、井上さんと寺西勇さんくらいかもしれない。

話をリーグ戦に戻すと、最後の公式戦で後輩の羽田にリングアウトで勝ち、3勝4分と俺は無敗で決勝トーナメント進出を決めた。2年前まで前座だったことを考えれば、上々の結果だろう。決勝トーナメントではタナカに反則負けとなり、ここで俺の役目は終わった。少なくとも2年間の海外修行の成果を見せられたと思っているが、どうだろうか。ちなみに最後は木村さんがタナカを降して、優勝した。

試合結果からもわかるように、海外でトップを張っていることは評価され、遠征前より自分の格が上がっていることも実感できた。試合をしていても向こうではもっとハードにやっていたから、相手の攻撃が軽く感じるくらいだった。

11月30日の千葉公園体育館大会でスケジュールが終了すると、吉原社長から「カルガリーで原が世話になったな。ありがとうな」とお礼を言われ、ボーナスとして10万円を渡された。ちなみに、天龍の髷を結っても馬場さんからは1円ももらっていない。

この時、1ヵ月ほど日本にいたが、馬場さんと会った記憶はないし、全日本からそのまま日本に残れという言葉もなかった。俺はスケジュールが詰まっていたこともあり、網走の実家に寄ることもなく再びカルガリーへと向かった。

第9章　俺が見たアメリカマット界のドラッグ事情

カルガリーに戻ると、俺はすぐにリングに復帰した。年が明けて1979年2月10日にはエドモントンで安達さんと組み、キース&ブレットのハート兄弟からインターナショナル・タッグ王座を奪っている。

この年は安達さんとのタッグが中心で、4月にレオ・バーク&キース・ハートに敗れてタイトルを手放したが、ドリー・ファンク・ジュニア&ラリー・レーンの腰に移ったベルトを7月に獲り返した。こうして振り返ってみると、カルガリーでは結構長い期間、上を取れた。

この年の8月には、新日本プロレスの猪木さんや坂口さん、藤波選手たちがテレビ朝日のクルーを連れてカルガリーに遠征に来た。俺はこの日、安達さんと組んでキース&ブレットと対戦した。成り行き上、俺の姿が新日本のテレビ中継に映ったそうだが、全日本プロレスからは何も言われなかったと記憶している。そういえば、この時期に大城もカルガリーに来たそうだが、俺の記憶からはすっぽり抜け落ちている。

猪木さんたちと話をしたのは、日プロで別れて以来だ。坂口さんやテレビ朝日のアナウンサーとは、ゴルフにも行った。ただし、昔話は一切しなかったし、この時は新日本に来てくれというようなキナ臭い話も出なかった。

それに俺は次の仕事場がすでに決まっていた。79年8月の試合を最後に俺と安達さんはカルガリーを離れ、フロリダ地区に向かった。これはデューク・ケオムカさんからのオファーだった。

当時、フロリダにはエディ・グラハムが主宰するCWF（チャンピオンシップ・レスリング・フロム・フロリダ）という団体があり、ケオムカさんはエディの腹心だった。

俺はケオムカさんの家には何度も行かせてもらったことがあるが、同じくCWFの幹部だったヒロ・マツダさんの家には一度も行ったことがない。面倒見の良かったケオムカさんとは対照的に、マツダさんは困ったことがあっても自分でやってくれという感じの冷たい人だった。そのマツダさんが練習を見ているという若き日のハルク・ホーガンともフロリダのオフィスで会っている。ただ、まだ試合をする前の段階であり、後にあれだけのスターになるとは想像できなかった。

この当時のフロリダ地区はプロモーターが前述のエディ・グラハムで、ブッカーはダスティ・ローデスだった。ジャック&ジェリーのブリスコ兄弟やドン・ムラコ、エディの息子のマイク・グラハム、マニー・フェルナンデスなど実力のあるレスラーが数多くいて、エディが試合を見て気に入った選手を推していたという印象がある。

ここでも俺と安達さんは、最初からトップで入っていった。初戦となる79年8月25日、セントピーターズバーグで俺たちはいきなりスティーブ・カーン&ジム・ガービンからフロリダ・タッグ王座を奪取した。

フロリダにはキラー・カーンこと小沢選手、まだレフェリーではなく日本人レスラーのマネージャーをやっていたタイガー服部もいて、いつも俺の車で一緒に移動していた。俺が運転していると、必ず安達さんとその2人でポーカーが始まる。

車の中でずっとやっているだけでは飽き足らず、試合場から帰ってきても服部の家でまたポーカーをやる。本当に24時間やっていたような気がするが、博打になると安達さんと小沢選手はしょっちゅう揉めていた。小沢選手はちょっと汚いことをやるから、安達さんが怒り出し、取っ組み合いになることもあった。

そういえば、服部と外で飲んでいた時に素人と揉めたこともあった。そいつはプロレスが好きなようで、酔っ払ってヒールマネージャーの服部にガンガン文句を言ってくる。

服部が「桜田さん、うるさいよ」と言うから、近くにあったイスでぶん殴ってやったのだが、後日に腕が折れたとフロリダのオフィスに訴えてきた。俺が事情を説明すると、ケオムカさんは「ウチの弁護士に任せるから、大丈夫」とうまく処理してくれたが、服部は身体が小さいから会場でもよくファンに狙われていた。

ここでは、サーキットの中心地であるタンパに部屋を借りた。トライステート地区やカルガリー地区と違って、フロリダ地区のサーキットは毎日家に帰って来られるから移動は楽だった。毎週水曜日はタンパのオフィスでＴＶマッチの撮りを終えてから試合のあるマイアミに移動するのだが、車だと間に合わない。そういう時は、飛行機をレンタルしていた。その中でも、俺以外の３人はポーカー三昧だった。

タッグ王座を獲ってから約１ヵ月後、俺と安達さんは９月29日にセントピーターズバーグでボボ・ブラジル＆スウィート・ブラウン・シュガー（スキップ・ヤング）に敗れ、ベルトを落とした。それでも扱いは悪くならず、ヒール側のトップとしてマイク・グラハムやレイ・スティーブンスと抗争を続けた。

レイ・スティーブンスは、日本では地味なイメージを持っている人が多いと思う。実際、そのファイトスタイルは派手ではない。しかし、彼もまた細かいことが巧いレスラーだった。こっちが何かを仕掛けると、しっかり切り返してくれるから、試合の流れが止まらない。プロレスは一人でやるわけではないから、相手が返してくれないと流れが止まってしまう。レスラー間では延々と試合を続けられる選手が評価されるが、スチーブンスはまさにそんなレスラーだった。

初めてのフロリダ地区には、およそ5ヵ月滞在した。この後、俺と安達さんはダラス地区に転戦する。ここはその名の通りテキサス州ダラスが本拠地で、〝鉄の爪〟フリッツ・フォン・エリックがNWAビッグタイム・レスリングという会社を運営していた。

当時のテキサスは、ダラスのエリック、ヒューストンのポール・ボーシュ、サンアントニオのジョー・ブランチャードという3人のビッグプロモーターがおり、連携体制を取っていた。すでにアマリロ地区は衰退していて、エリックの傘下のような状況だった。

ダラスはフリッツの息子のエリック兄弟がベビーフェースのトップで、サンアントニオに出ているのもほとんどがダラスのメンバーである。最も集客力があったヒューストンは、ミル・マスカラス、ニック・ボックウィンクル、ワフー・マクダニエルなど外部から人気レスラーを招聘し、その選手たちがベビーフェースのトップだった。

80年1月11日、ヒューストンで俺と安達さんは、いきなりホセ・ロザリオ＆タイガー・コンウェイ・ジュニアからアメリカン・タッグ王座を奪った。ロザリオは、地元のヒーロー的な存在である。つまり、ここでも最初からトップヒールという扱いだった。

当時、ダラスはエリック兄弟の他にブルーザー・ブロディがベビーフェースのトップだった。ブロディについては後述するが、リング上でもリング外でも自分のことしか考えていない男だ。エリック兄弟と組んでいても、彼らを光らせようとか教えようという気持ちはまったく見受けられない。基本的に人を見下してバカにするタイプだから、みんなから憎まれても仕方がないだろう。

エリックの息子たち、ケビン、デビッド、ケリー、マイク、クリスの5人は父の跡を継いでプロレスラーになった。俺から見て彼らの中で一番才能があったのは、デビッドだ。受けがしっかりしていて、次期NWA世界王者候補に名前が挙がるほど将来を嘱望されていた。

しかし、彼ら兄弟は大きな問題を抱えていた。それはカルガリーのハート兄弟とは違ってプロレスのセンス云々ではなく、ドラッグである。ケビン以外はみんな薬をやっていて、24時間ハイになった状態だから、試合はメチャクチャだった。しかし、ベビーフェースなのにラリってヒールのようなファイトをしても、親がプロモーターだから誰も文句を言わない。

エリック兄弟に限らず、アメリカでは薬をやっているレスラーが本当に多かった。ここで少し俺が見た海外の薬物事情についても書いておこう。

向こうのレスラーの多くは、身体を大きくするためにアナボリックステロイドを使っていた。日本でステロイドの存在が広く知られるようになったのは90年代になってからだと思うが、アメリカでは70年代から使われていたそうだ。元々は小児麻痺などに使う薬で、入手するには医師の処方箋が必要である。それをどうやって手に入れるかというと、試合会場にはドクターがいるから、嘘の処方箋を出してもらって、薬局で薬と注射器を買うのだ。

後にAWAでロード・ウォリアーズのホーク・ウォリアーと一緒にサーキットしたことがあるが、彼は口癖のように「苦しい」と言っていた。心配して「どうしたんだ?」と聞くと、「俺はステロイドを使っている。凄く強いヤツだから、心臓が苦しくなることがあるんだ」と顔をしかめていた。これは薬の副作用で、心臓が圧迫されているのだ。薬漬けだったホークは、若くして命を落としてしまった。

WWFでトップを取ったスーパースター・ビリー・グラハムともヒューストンで一緒

になったことがある。彼もムキムキの肉体が売りで、ステロイドを使った次の週は腕がはち切れそうなくらいパンパンになっていたが、試合はしょっぱかった。ダイナマイト・キッドもカルガリーで最初に会った時は細くて小さかったが、かなり強いステロイドを使って身体を無理やり大きくした。

今はプロレス界も含めて、スポーツの世界は薬物に対してうるさくなっている。しかし、この頃は誰も何も言わないし、やり放題だった。

レスラー仲間に対して、自分からステロイドを使っていると公言するレスラーはそれほど多くない。だが、そうかといって隠しているわけでもない。俺は使おうとは思わなかったが、知る限り向こうでは何かしらの薬を使っていたレスラーはかなりの数にのぼる。

しかし、プロモーターは薬物を使っているとわかっていても、仕事をきちんとやれば、何も言わない。仕事に支障をきたすようだったら、「明日から来るな」の一言で終わりだ。

ステロイドを使っている奴は、異常な筋肉の張りですぐにわかる。もうひとつの特徴は、短気なことだ。ルイジアナで一緒だったジャンクヤード・ドッグも薬を大量に飲んでいたから怒りやすかった。エリック兄弟の中ではケリーもすぐに癇癪を起こす男だった。

そういえば、ケリーは交通事故で右足を失い、義足だったそうだが、本当なのだろうか。その後、試合場で何度も一緒になっているが、ケリーは常にシューズを履いていて、脱いでいるところを俺は見たことがない。シャワーも浴びずに帰るから、絶対に足を見られたくなかったのだろう。彼は最後はコカインの不法所持で捕まり、そのままピストル自殺してしまった。

身体を大きくするステロイドは仕事に繋がるが、快楽を求めて薬に手を出す奴もいる。「痛い箇所がある」と言って、ペインキラーなどの痛み止めを処方してもらうのだ。

バズ・ソイヤーなんかは、100錠もまとめてもらっていた。酒を飲みながら一気に10錠くらい飲むと、頭がグラングランになるという。ソイヤーはそれが気持ち良くて常用していたようだが、俺から見るとドラッグを楽しむというよりも完全に薬物依存のような状態だった。彼は巧い選手だったが、このひどいドラッグ癖はレスラー仲間から嫌がれていた。

このように多くのレスラーが使っていたのは筋肉を大きくするためのダイアナボルなどのアナボリックステロイド、痛み止めのペインキラー、それから興奮を促すスピードだ。もちろん、コカインをやる奴もいれば、マリファナを吸う奴だっている。

サーキットでソイヤーと同じ部屋に泊まったこともあるが、気付くと床にマリファナがたくさん落ちていた。マリファナはフレンチ・マーテルも凄くて、プエルトリコでは束になったものを100ドルで売っているのだが、彼は朝から葉巻状にして吸っていた。

移動などで寝る時間が不規則な仕事だから、眠れないという理由で凄い量の睡眠薬を飲む奴もいた。褒められたものではないが、これも俺が見てきた海外のプロレスの一面である。ちなみに俺は試合が終わって、住まいに戻ったらバタンキューというタイプだ。夜中の12時過ぎに寝ても、翌朝の10時にはジムへトレーニングに行っていた。それでも身体がキツいと感じたことはなく、試合がないと逆にだるくなる体質だった。

それはともかく、当時のアメリカではこうした薬物が広く出回っていたが、中にはどれかひとつではなく全部使っている強者もいた。見るからに24時間おかしくて、訳のわからない状態のまま会場に来る。そんな選手と試合をする時は、こっちが何とかしてやろうと思ってもコントロールできないから、諦めて流れに身を任せるしかない。

第10章　謎の中国系マスクマン『チャン・チュン』の誕生

ダラス地区にいる時に、1日だけバーン・ガニアが主宰するＡＷＡの試合に出場したことがある。１９８０年6月22日、日本から馬場さんとジャンボがＡＷＡに遠征に来て、俺とカンザス地区にいた高千穂さんが呼ばれたのだ。ダラスのスケジュールに穴を開けることになるが、馬場さんからの指令であり、エリックからも承諾を得て、俺はアメリカ中西部のミネアポリスに向かった。

ジャンボはニック・ボックウィンクルのＡＷＡ世界ヘビー級王座に挑戦し、馬場さんはスーパー・デストロイヤー・マークⅡ（サージェント・スローター）とのＰＷＦ王座防衛戦がラインナップされた。俺は高千穂さんと組んで、ハーマン・シェファー＆ベン・ディロンとの対戦である。

「これ、小遣いな」

試合後、馬場さんからお礼をもらったが、「日本に帰ってくるか?」という言葉はなかった。

俺は再びダラス地区に戻り、その年の8月までいた。結局、ここでは安達さんとのコンビでアメリカン・タッグ王座を3度獲得した。このベルトをケリー・フォン・エリック&エル・アルコンに落として、俺は古巣のカルガリーに向かった。

それからいくらも経たないうちに、全日本の米沢部長から「一度帰ってこい」と帰国のオファーが来た。今度は全日本のリングへの凱旋である。

2年前に国際プロレスの『日本リーグ争覇戦』に参戦した時は、カルガリーの忙しい合間を縫って日本に帰ったので、すぐにこちらに戻ってきたが、この時は米沢さんに「3シリーズくらいいろよ」と言われ、日本で年を越すことになっていた。

10月9日、凱旋試合の舞台は後楽園ホールのメインイベントだった。俺は馬場さんと組んで、相手はトップヒールのアブドーラ・ザ・ブッチャー&キラー・トーア・カマタである。試合は両者反則でドローとなったが、馬場さんとのタッグでメインという扱いだから、若手時代とは大違いだ。

馬場さんは209センチという規格外の体格があるから、やはり俺たちとは試合の仕方が違った。あまり細かい技をやる必要はなかったし、受け身もたくさん取るわけではない。もちろん、そういったことは日プロ時代にしっかり教わってきているはずだが、魅せ方が俺たちとは根本的に違うのだ。

馬場さんは、レスラーとして自分の魅せ方をよくわかっている。高いところから振り下ろすチョップや足の長さを見せつけるキックは、他の選手との体格の違いをアピールしているのだ。技自体は豊富なわけではなく、単純なものばかりであるが、他の選手とはサイズが違うから問題はない。大きい選手は細かい技術を見せるよりも、スケールの大きさを見せることが大事だ。

この凱旋シリーズでは、トップ外国人のディック・マードックやワフー・マクダニエルとのシングルも組まれた。海外での活躍で格が上がっていたので、こうしたカードでも俺が負けることはなかった。馬場さんはマッチメーカーとして、その辺の気配りはきちんとするタイプである。

ワフーは試合が始まると、相手をおちょくってシュートっぽいことを仕掛けてくるレスラーだ。しかし、こちらがやり返すと、すぐに普通に戻る。彼に限らず、そういうことをするレスラーは結構いるのだが、対処の仕方を心得ていれば焦ることはない。何かをされたら、後からではなく、その試合中に返すのが基本だ。

この時、全日本のリングに上がって戸惑ったことがある。長いこと海外にいたので、日本のお客をおとなしいと感じる場面が多々あった。向こうではヒールの上の方だったから、俺が出ていっただけで大きな反応がある。一方、日本のお客は声を出して応援するのではなく、じっくり試合を見ている人が多い。

しかも、俺は日本では必然的にベビーフェースになる。ブッチャーのような選手と戦う場合は、荒っぽくやることもできるから試合はやりやすかったが、相手がマードックやワフーだと比較的オーソドックスなスタイルでやらなければいけない。久々に立場を変えて試合をしてみると、俺にはヒールの方が向いているとつくづく思った。

凱旋シリーズを終えると、年末恒例の『世界最強タッグ決定リーグ戦』だ。この年のリーグ戦には、ドリー&テリーのザ・ファンクス、ブッチャー&カマタ、ニック・ボックウィンクル&ジム・ブランゼルなど7チームが参加したが、日本側は馬場さんとジャンボの師弟タッグのみがエントリーされた。前のシリーズでは馬場さんやジャンボ、羽田らと組む機会があったが、俺は正式なパートナーがいないこともあってリーグ戦には不参加となった。

最強タッグが終わると、年越しである。日本で正月を迎えるのは5年ぶりだったが、感傷に浸っている暇はない。なぜなら全日本の『新春ジャイアント・シリーズ』は、1

月2日に開幕するからだ。このシリーズでも馬場さんと組んでメインに出ることはあったが、俺のポジションは帰国直後と微妙に変わっていた。

帰国から早くも3シリーズ目となり、俺は石川隆士（孝志）やプリンス・トンガ（キング・ハク）と同等の扱いとなっていた。つまり格下げである。ファイトスタイルに戸惑いもあって、本来の力を発揮できていないことは自分でもわかっていた。

この時のギャラは外国人扱いで、週払いだった。しかし、ポジションは日本陣営だから、移動の際は日本人バスに乗る。そうなると、先輩後輩の関係が面倒で息苦しさを感じた。

「自由が利かないなあ…」

やはり俺は一匹狼が向いている。アメリカでは試合だけをしっかりやっていれば、それ以外のことは何も言われない。しかし、日本はどうしても集団行動になるし、生活面に口を出されることもある。当初の予定通り、3シリーズのスケジュールを消化すると、会社からはそのまま残ってくれという話はなく、俺はカルガリーに戻ることにした。結局、全日本に俺の居場所はなかったのだ。

カルガリーに3週間ほど滞在した後、今度は再びダラス地区に行くことになった。これはザ・グレート・カブキやグレート・ムタ（武藤敬司）のマネージャーとして日本でも有名なゲーリー・ハートからのオファーだった。

その頃、フリッツ・フォン・エリックの団体はＷＣＣＷ（ワールドクラス・チャンピオンシップ・レスリング）と名前を変えていた。ここでは同年1月に高千穂さんがカブキとしてデビューし、オーバーしていた。俺は、そのカブキのパートナーとして呼ばれたのだ。

俺は素顔ではなく、チャン・チュンという中国人マスクマンのキャラクターに変身することになった。カブキは忍者スタイルでヌンチャクを操ったり、毒霧を噴いたりする神秘的なキャラクターがウケていた。ところが、チャン・チュンには中国人ということ以外、何の設定もなかった。俺は前年の夏まで素顔のミスター・サクラダとしてダラスのリングに上がっていたが、その時とファイトスタイルはほとんど一緒だったから、常連のお客には正体がバレていたかもしれない。

チャン・チュンはカブキのパートナーということもあり、最初から上のグループの一員として迎えられた。どういう流れかよくわからないが、俺たち2人がダラス地区版の世界タッグ王者にいきなり認定されたこともあり、エリック兄弟やブルーザー・ブロデ

ダラス（地区）ではザ・グレート・カブキ（高千穂明久）のパートナーとして、マスクマンの『チャン・チュン』に変身した。中央は、マネージャーのゲーリー・ハート。

ィと抗争した。

俺が被っていたマスクはゲーリーから支給されたわけではなく、自分で用意したものだ。というよりも、マスクマンになってくれと言われたものの、現地に入ったら肝心のマスクが用意されていなかったので、当時付き合っていた彼女に縫ってもらった。チャン・チュンの入場コスチュームのマントも彼女の作である。

現在のマスクは生地が良質で作りもしっかりしているが、当時のアメリカには性能のいいマスクなんてなかった。マスクマンは韓国で経験済みだったが、視界は狭いし、呼吸も苦しくて、慣れるまでは苦労した。

この当時、カブキはどこへ行っても凄い人気だった。顔にああいうペイントを施したレスラーは初めてだったし、毒霧には誰もが驚いていた。会場はいつも満員で、お客の多くがカブキ目当てだった。そのおかげで俺の稼ぎも良く、1試合で800~1000ドルくらいもらっていた。

カブキというキャラクターを生み出したゲーリーは、少々変わった男だ。

「これがないと、いいアイディアが浮かばないんだ」

そう言いながら、マリファナばかり吸っていた。車で会場に行く時も吸っていて、フラフラしながら運転していたから危ないなんてものじゃない。しかし、本当にマリファナを吸うと、いいアイディアが浮かんでいたようだ。

そのうちに、今度は上田さんもダラス地区に入ってきた。顔を半分黒く塗ったテン・グー（天狗）というキャラクターで、これもゲーリーが考えたものである。カブキのようにオリエンタルな雰囲気を出そうとしたのだろうが、とてもそれがお客に伝わっているとは思えなかった。おそらく上田さんも面倒くさいから、適当に顔を半分塗っただけだろう。カブキと違って、このキャラクターがウケなかったのは、ある意味で必然だった。

9月からはダラスと並行して、カンザスシティにも行くようになる。これもゲーリーの指示だった。

カンザス地区のプロモーターは、NWA会長に就いたこともあるボブ・ガイゲルだった。ここには9月から12月までの3ヵ月間上がったが、ブッカーのボブ・ブラウンが全然ダメで、お客が入らないから金にならなかった。ギャラの面だけでなく、ハーリー・レイスが時々出る以外は大したレスラーもおらず、リング上にも魅力がなかった。

12月には旧知のドリー・ファンク・ジュニアから、「フロリダに来てくれないか？」

と連絡があった。あそこにはいい印象があったから、俺は二つ返事でOKし、すぐにフロリダ地区に入った。

初戦は12月26日、セントピーターズバーグ。俺はダラス地区と同様、マスクマンのチャン・チュンとしてリングに上がった。

この時、フロリダには大仁田厚（ミスター・オオニタ）と渕正信（マサ・フチ）が武者修行で来ていた。すでに薗田もアメリカに来ていたようで、俺が教えた三バカもそれなりに成長したということか。

チャン・チュンで入っていった当初は、キャラクターのインパクトの弱さから下の方のポジションだった。しかし、ここで俺はレスラーとして大きなターニングポイントを迎えることになる。本の冒頭でも書いたように、年が明けてケンドー・ナガサキに変身するわけだが、そんな俺に全日本プロレスから思いもよらないオファーが届くことになる。

第11章　なぜ俺は『ドリーム・マシーン』になったのか？

俺が1976年に初めて渡米した時、ザ・ファンクスの2人は地元でNWAウェスタン・ステーツ・スポーツという会社を経営し、アマリロ地区を仕切っていた。しかし、この頃はすでにプロモート権をブラックジャック・マリガンとディック・マードックに売却しており、フロリダ地区でブッカーをしながらリングにも上がっていた。

82年2月に俺がケンドー・ナガサキに変身したのは、ドリーとテリーが考えたアイディアである。キャラクターチェンジに伴い、テリーの指示に従って落武者ヘアにしたが、最初に頭頂部を剃った時はやはり恥ずかしく、私生活では帽子が手放せなくなった。

ファンクスが考えたケンドー・ナガサキの最初の売り出し策は、変則マッチをやらせることだった。俺は「マーシャルアーツ・アロードマッチ」と名付けられた1対2のハンディキャップマッチで、テリー・アレン（マグナムTA）、エディ・ギルバート、ドン・ダイヤモンド、ボブ・ラッセルらと戦った。俺がひとりで彼らを蹴散らすことで、強さを観客にアピールするわけである。

「マーシャルアーツ・アロードマッチ」という試合形式に関しては、何か特別なルールがあったという記憶はない。意味としては、いわゆる異種格闘技戦のようなものではなく、「マーシャルアーツの技を使うことが許される試合」ということだ。とはいえ、普通のプロレスの試合だった。ハンディキャップマッチに特別な冠を付けたのも、ケンドー・ナガサキを売り出すための手法のひとつである。

ケンドー・ナガサキはその名の通り剣道着と面を着用し、竹刀を手に入場する。リングの上で面を外し、落武者ヘアと不気味なペイントを施した顔が現れると、初めて見るお客が悲鳴のような声を上げることもあった。こうしたリアクションを読んでいたテリーは、さすがである。

俺のフィニッシュホールドは、トラースキックだ。キャラクターチェンジにそれほど長い準備期間があったわけではないから特別にキックの練習はしていないが、やろうと思えばできるものだ。

キックは鼻やアゴに当たると、ケガに繋がる恐れがある。プロレスは毎日試合があるから、自分がケガをするのはもちろん、相手をケガさせてもいけない。ケガをして仕事ができなくなれば、スケジュールに穴が開いてプロモーターも困るし、そいつ自身も食えなくなる。ケガをさせないギリギリで技を決めることは、万国共通の暗黙のルールだ。

俺がトラースキックを蹴る時に、狙っていたのは首だった。鍛えている箇所にビシッと決めれば、フィニッシュの説得力も生まれる。打撃技は、受ける相手が怖がると逆に危険だ。俺が正確に首を狙っているのに、相手が怖がって避けたら顔面にモロに入り、地下足袋の跡がクッキリ付いてしまうこともあった。

ケンドー・ナガサキはしばらくの間、ハンディキャップマッチで強さを浸透させると、マイク・グラハム、ジェリー・ブリスコ、ブライアン・ブレアー、ミスター・レスリングⅡ（ジョニー・ウォーカー）といった面々とシングルで対戦し、ここでも勝利を重ねていった。

ドリーとテリーの評価は上々で、お客の反応も日に日に大きくなっていく。俺はこの新しいキャラクターに手応えを感じていたが、本音を言うと毎日が必死だった。繰り返しになるが、海外ではプロモーターやブッカーの一存で、すべてが決まる。自分ではいい感じでやっているつもりでも、彼らがダメだと思えば、あっという間にクビを切られてしまう世界だ。華やかなように見えて、明日の保障はない。

剣道とペイント、マーシャルアーツと毒霧というギミックで着実にオーバーしていく中、4月のTVマッチからダスティ・ローデスとの抗争が始まった。彼はNWA世界ヘビー級王座も獲得したことのある大物で、フロリダでは絶大な人気を誇るトップベビーフェースだった。

そのローデスと抗争が組まれたことからも、ファンクスの2人が俺にどれだけ期待をかけていたかが窺える。元々ヒールとして売っていたローデスは喧嘩ファイトも得意で、抗争の中でいろいろな種類のデスマッチも組まれた。

そのうちのひとつが「ケンドースティック・マッチ」である。ケンドースティック、つまり竹刀を公認の凶器としてリングの中央に置き、ゴングと同時にそれを奪い合って自由に使っていいという試合形式だ。

竹刀は、何といっても音が出るのがいい。柄の部分で相手のボディを突いてもいいし、背中を殴れば「ビシッ!」と鋭い音が会場に響き渡る。お客が剣道について何も知らなくても、「痛さ」が間違いなく伝わる最高のギミックだ。ブーイングを飛ばすお客がいたら、ロープやマットを叩いて煽ることもできる。

ローデスとは、「テキサス・ブルロープ・デスマッチ」でも戦った。これはチェーン・デスマッチのブルロープ版と考えてもらえればいい。こうした試合形式は動きが制限される中で、より魅せ方の力量が問われる。このデスマッチのもうひとつの特徴は、ブルロープの中央部分に付けられたカウベルを自由に使っていいということだ。金属で殴り合うわけだから、その痛さは半端ではない。

他にも、ここでは「バンクハウス・デスマッチ」や「ブラスナックル・デスマッチ」も経験した。フロリダ地区はビジネスになると思ったら、何でもトライする柔軟さがあった。記録では、「ニンジャ・デスマッチ」、「コンビネーション・デスマッチ」というものもやっていたようだが、これらがどんな試合形式だったかは憶えていない。

ローデスに関しては選手間で好き嫌いが分かれるようだが、俺から見ると頭の良いレスラーだ。試合に備えていろいろ考えるタイプで、どんな形式でもファンを楽しませていた。しかも自分だけが好き勝手にやるわけではなく、しっかりと相手の攻撃も受ける。

ケンドー・ナガサキの名前は、この一連の抗争で一気に全米マットに知れ渡り、テネシー地区に1日だけゲストとして呼ばれたこともある。5月24日、メンフィスでの興行に俺はAWAサザン・ヘビー級王者として登場し、ノーDQマッチでジェリー・ローラーと対戦した。これは反則OKのルールだ。フロリダでメインストーリーに絡んでいるため、テネシーはあくまでもこのワンマッチ限定である。

言うまでもなく、俺は誰からもＡＷＡサザン・ヘビー級王座なんてタイトルを獲ったことはない。昔のアメリカマットでは、こうした架空のベルト獲得やタイトル移動というのがよくあった。その選手をいきなりチャンピオンとして登場させるという手法だ。

プロモーター側としては興行の売り物としてタイトルマッチをやりたいし、この時はローラーにベルトを落とすために俺がチャンピオンとして参戦したパターンだった。仮に俺がテネシーに定着する場合は、そのまま王者として防衛を続けていくこともある。

ローラーはフロリダ地区にも時折参戦していたし、試合をしたこともある。その時に好印象を抱き、俺を自分の地元で使いたいと思ったのだろう。俺とローラーのタイトルマッチが組まれたこの日は、大会場のミッドサウス・コロシアムがいっぱいになった。この時のギャラは、１０００ドルだったと記憶している。

フロリダ地区も大会場が満員になると、ギャラは良かった。マイアミのコンベンションセンターが満員になった時は、金額が一気に跳ね上がる。元々フロリダ地区は金払いが悪く、選手が不満を漏らすことが多かったテリトリーだ。ところが、俺はケンドー・ナガサキになってから、ギャラがかなりアップした。

上を取ってフルハウスにすれば自分も儲かるし、他の選手たちもプロモーターも儲かる。テリトリーを潤わせるのがトップレスラーの務めだ。この時期、オレゴンに呼ばれた時も俺とビリー・ジャック・ヘインズの試合で会場を満員にした。レスラーにとって、メインを取り、お客をたくさん入れた時に得られる満足感は何事にも代えがたいものだ。

フロリダ地区はローデスやファンクスが現場を仕切っていたこともあって、昔のNWAスタイル、ゆったりとしたレスリングが好まれた。ケンドー・ナガサキは見た目こそ怪奇派だが、試合では必ずレスリングから入ったこともフロリダで受け入れられた要因のひとつだろう。

ローデスとの抗争中はシングルに加え、タッグマッチでも連日のように対戦した。その際、俺のパートナーはドリーが務めることが多かった。ドリーはフロリダではヒールだ。原則的に、NWA世界ヘビー級王者はヒールになる。だから、ドリーの場合も地元のアマリロではスーパーベビーフェースだが、一歩外に出れば、ヒールのチャンピオンとして防衛活動をしていた。その時代からここフロリダには何度も来ており、見た目はアンバランスな感じもあるが、俺と組んでも現地のファンは違和感を覚えない。

しかし、ドリーはヒールだからといって凶器を使ったりするわけではない。ファイトスタイルは、基本的に日本で見せていたもの同じだ。俺もドリーも反則ではなく、レスリングでお客を惹きつけるタイプだったから、組んでいて試合はやりやすかった。

海外では安達さんと長い期間タッグを組んでいたが、シングルマッチをしっかり組み立てられる選手はタッグマッチもうまいものだ。後に一緒に行動することになる武藤敬司も動きや立ち振る舞いがスムーズで、パートナーとしていい仕事をしてくれた。

ドリーもそうだったが、うまい選手はタッチもいいタイミングで回してくれる。タッグマッチは、タッチのタイミングがとても大事なのだ。この間が悪いと、レスラー側もお客もフラストレーションが溜まる。タッチの場面はタッグマッチ特有の見せ場だから、そこで盛り上がるように試合の流れを作っていく必要がある。

このまま自分は劣勢に回っていた方がいいのか。今はカムバックするタイミングなのか。そこでさらに相手に攻撃を加えるのか。それともパートナーにタッチした方が沸くのか――。リング上でレスラーは試合をしながら、そんなことを考えている。何もわかっていないレスラーは変なタイミングでタッチに来て、試合の流れをおかしくするから困ったものだ。

ヒールは相手をイジメて、お客のフラストレーションが爆発するギリギリのところでタッチさせるように考えている。まだタッチは早いと思った時は、相手が逃げようとしても絶対に逃がさない。こちらに身を任せていれば、うまく流れを作ってやるのに、勝手な判断で自分のコーナーに戻ろうとする奴がいるのだ。

ベビーフェースは格好つけが多いから、やられるのを嫌がって、すぐに反撃したがる奴もいる。だが、試合全体を考えたら、それではダメなのだ。こっちは試合が盛り上がっていくように考えて攻撃しているのだから、勝手なことをされると、それまでの流れが台無しになる。

何度か対戦したことのあるミル・マスカラスは、格好つけの代表格だ。こいつは自分のやりたいことばかりやって、相手の技は受けたがらない。こっちが盛り上げようとしても、とにかくやられるのを嫌がるから、なかなかお客のヒートを取れないのだ。マスカラスがいつも同じパターンの試合しかできないのは、その性格ゆえのことだ。

さて、このフロリダ地区には82年7月から全日本プロレスの仲間であるプリンス・トンガが「キングコング・トンガ」として入ってきた。俺とトンガがタッグを組むようになると、ドリーはベビーフェースに転向し、今度は対戦する側になった。8月には、ウエストパームビーチやタンパで俺はドリーにテキサス・デスマッチで勝利している。ぶっちゃけて言えば、これもブッカーとして俺を売り出してくれているということだ。

フロリダ地区でトップとして活躍しつつ、他のテリトリーからもビッグショーのゲストとして呼ばれるほどケンドー・ナガサキが売れていた時、全日本プロレスから連絡が来た。またもや帰国のオファーだったが、渉外部長の米沢さんの口から出たのは意外な言葉だった。

「名前はこっちで付けておくから、マスクを被って外国人として帰ってきてくれ」

ギャラも再び外国人扱いで、週3000ドルと提示された。この時、俺は「ドリーム・マシーン」という新しいキャラクターを与えられる。久々に日本に戻ると、俺は捨てずに持っていたチャン・チュンのマスクを被り、かつてルイジアナでケガをした鎖骨を隠すためにワンショルダーのコスチュームを着た。

昔、ある人にこんなことを言われたことがある。

「あの時、桜田さんはどうしてマスクマンで帰ってきたんですか？　もしケンドー・ナガサキの姿で日本に戻ってきていたら、キラー・カーンやザ・グレート・カブキのように話題になったと思いますよ」

俺がドリーム・マシーンとして全日本に凱旋した82年10月は、まだカブキの日本初上陸前である。確かに、この時に正体不明の外国人マスクマンではなく、ペイントレスラーのケンドー・ナガサキとしてリングに上がっていたら、俺のレスラー人生はまた違ったものになっていたかもしれない。俺はあまり深く考えず、仕事のひとつとして全日本のオファーを受けたが、あの格好で毒霧を噴いていたら相当なインパクトがあっただろう。

しかし、馬場さんは俺が日本でオーバーすることなんて望んでいなかったのではないだろうか。ＮＷＡの黄金テリトリーのフロリダ地区でトップを取っているケンドー・ナガサキのまま帰国させたら、全日本のリングでもそれに見合った扱いをしなければいけない。

だが、俺に上を取られるのは面白くなかったはずだ。馬場さんはアメリカで最も成功した日本人レスラーは自分だという思いがあったから、俺や高千穂さんのようにアメリカでオーバーしたレスラーを快く思っていなかったような気がする。

２年前に素顔で戻った時は日本陣営に組み込まれたので、俺はベビーフェースとしてリングに上がった。だが、今回は完全な外国人扱いである。移動も外国人選手たちと一緒だったので、そこは気分的に楽だった。マスクにしても普段から被ってなんていられないから、会場以外では基本的に素顔でいた。正体がバレたらバレたで仕方ない。そんな気持ちで、俺はドリーム・マシーンという役回りをこなしていた。

ただし、外国人扱いとはいえ、全日本の若手選手たちにとって先輩であることに変わりはない。帰国すると、俺が海外にいる間に入門してきた連中が挨拶に来た。俺が日本を出た頃の若手は大仁田、渕、薗田の3人だけだったが、この頃には随分と若い人間が増えていた。越中詩郎、後藤政二（ターザン後藤）、三沢光晴、潰れた国際プロレスから来たという冬木弘道と菅原伸義（アポロ菅原）、そして川田利明といった選手たちである。

団体内部の体制も変わったようで、佐藤昭雄選手がブッカー兼コーチをするようになり、若手の試合も俺たちの時代とは違っていた。日プロや昔の全日本は技の規制が厳しかったが、彼らは試合でやりたいことをやっていた。俺としてはその傾向を決して良いとは思えなかったが、そんな光景を見て、日本にいない間に団体内の空気がかなり変わったことを実感した。

派手なことをすれば、お客は沸くかもしれない。だが、いくら技を出してもプロレスというのは波を付けた試合作りをしないと、お客は付いてこない。それは人に教えられることではなく、試合経験を積みながら自分自身で身に付けていくものだ。

この若手の中で、馬場さんが三沢をかなり推していたのもちょっとした驚きだった。奥さんの元子さんも三沢をかなり気に入っていた。

元来、馬場さんは身体の大きな選手が好きである。ジャンボや天龍にしても、もし身体が小さかったらプッシュされるどころかスカウトすらされていなかったはずだ。当時の三沢はまだまだ細くて、それまでの全日本の選手の基準からはだいぶ小さかった。だから、どうして馬場さんがこの選手を推しているのか俺には理解できなかった。また、そのことに対して先輩で三沢よりも身体が大きい越中がジェラシーを抱いていることもすぐにわかった。

このドリーム・マシーンの頃の試合のことは、あまり憶えていない。訳のわからないマスクマンで戻すくらいだから、上を取らせるつもりはまったくなく、馬場さんやジャンボとも対戦したが、完全に格下扱いだった。シングルでは天龍には丸め込まれて負け、国際プロレスから流れてきた阿修羅・原と引き分けというポジションである。

俺はシリーズが終わると、すぐにフロリダに戻り、年が明けて83年の『新春ジャイアント・シリーズ』に再びドリーム・マシーンとして来日した。一応、見せ場を作ってくれたのか、このシリーズではジプシー・ジョーとのコンビで、石川敬士（孝志）と佐藤選手のアジア・タッグ王座に挑戦するタイトルマッチも組まれた。おそらく、これは馬場さんではなく、佐藤選手が作ったカードだろう。

しかし、唐突な感は否めず、こっちのモチベーションも上がらない。なぜ俺は全日本のリングにドリーム・マシーンというマスクマンで呼ばれたのか。馬場さんの意図は、最後までわからずじまいだった。

アメリカに戻れば、ケンドー・ナガサキとして上の方を任されていた。その一方で、日本に帰ってくるとキャラクター設定もよくわからないマスクマンとして真ん中辺りの試合でお茶を濁す。俺の中で、そのギャップはあまりにも大きかった。

海外での活躍とは裏腹に、俺は明らかに全日本に求められていなかった。後に俺が新日本プロレスに上がることになるのは、このドリーム・マシーンの件があったことも影響しているかもしれない。

第12章　坂口さんの誘いを受けて全日本プロレスと決別

全日本プロレスで不本意な仕事をさせられた俺は、もうここに戻ることはないだろうという思いを抱えてアメリカに戻った。向こうに行けば、まだまだケンドー・ナガサキは各地から引っ張りだこで、以降も各地を転戦していくことになる。

1983年3月から2ヵ月間はヒューストンに滞在し、ミル・マスカラスやジャンクヤード・ドッグ、ハクソー・ジム・ドゥガンらと対戦した。当時のヒューストンには時のAWA世界王者ニック・ボックウインクルやWWF王者ボブ・バックランドも登場するなど、まだまだビジネスが良かった時期である。

この時、俺はノースカロライナにいたドリーからもオファーを受けていた。

「ケンドー、今はここでブッカーをやってるんだ。こっちに来ないか?」

しかし、俺は何となく気が乗らず、未開の地であるプエルトリコに初上陸することになる。これは確かフロリダ経由でカルロス・コロンからオファーが来たはずだ。

プエルトリコはカリブ海の北東に位置する島国で、数多くのメジャーリーガーを輩出している野球大国としても有名だ。公用語がスペイン語だから街の人々と会話はできなかったが、レスラーたちはみんな英語を話すから仕事上は特に問題はない。プエルトリコのプロレスビジネスを仕切っていたカルロス・コロンはWWC（ワールド・レスリング・カウンシル）という団体の主宰者であると同時に、トップレスラーとしても君臨していた。

ここはサーキットを回るのも楽だった。テリトリーが小さいから、遠いところでも80マイル程度だ。試合が終わってから、毎日住まいに帰ることができる。試合は週に5回あり、土曜日と日曜日は15時からと20時からのダブルヘッダーだった。小さい島で同じ場所を何度も回ることになるから、飽きられないようにファイトすることを心がけた。

会場は野球場が多い。野外だから暑いし、小さい蚊がたくさんいる。控室も狭くて、臭かった。ファンの気質は正義感が強く、悪いことを許さない。血の気も多いし、本気で怒るお客が多かったから、ヒールは半端な気持ちではできない土地柄だ。

ガキに乗っている車を見られたら、ヒールはタイヤをパンクさせられる。そこで少し会場から離れた駐車場に車を止めようとしたら、おかしな女と揉めたこともあった。俺が先に車を入れたらイチャモンをつけてきて、駆けつけた警察に「殴られた」と嘘を言いやがったのだ。これも裁判になり、コロンのオフィスの弁護士がうまく処理してくれたから良かったものの、危うく冤罪で捕まるところだった。

　プエルトリコの試合は基本的に殴る蹴るが多く、喧嘩のようなスタイルが好まれた。試合が荒いということは、お客も荒いということだ。花道を通る時に石ころを投げてくるのは、日常茶飯事である。なにしろ、会場でヒールに投げる用の石が10セントくらいで売っているのだ。瓶を投げつけられて足首に当たったこともあるが、俺たちは「痛い！」とは言えないし、そういう表情をすることもできない。

　ここではレスラーの安全のためにリングは野球場の中央に置かれ、客席までは30メートル以上離れている。それでも石ころやカップに小便を入れて投げてくる奴がいるから困ったものだ。だから、俺はイスを振り回しながら退場するようにしていた。

　カリブといえば、フロリダ地区にいる時に試合でバハマにも行ったことがある。あそこも客のヒートが凄かった。石はもちろんのこと、火のついた煙草を投げつけてくる。煙草は汗をかいた身体にくっ付いてしまうから厄介だ。しかも試合が終わると、お客がいつも待ち伏せしていて、なかなかホテルに帰れない。逆に言えば、こういう客層だと最初から興奮しているから、試合でヒートを取るのは簡単だ。

83年に初めてプエルトリコに行った時は、途中から鶴見五郎と一緒になった。彼は所属していた国際プロレスが潰れた後、全日本にフリーの立場で上がっていた。話を聞くと、日本で出場停止処分を受けたという形で遠征に来たが、実際は新婚旅行を兼ねて馬場さんに送り出されたという。

鶴見とは同じアパートに住んでいたが、近くで接してみると、その異常な細かさが目に付いた。毎日ノートに日記を付けていて、今日は何を食べたとか使った金を1ドル単位でチェックしていた。

悪い意味ではないのだが、彼は節約家というか、石鹸ひとつすら自分の金では買おうとしなかった。ホテルに泊まると石鹸が置いてあるから、それを10個くらい持って帰り、洗濯する時に使っていた。一緒に来た奥さんも旦那のせこさには呆れていて、彼女が「香水を買ってくれない」と嘆いていたから、俺がプレゼントしてやったくらいである。

ある時、ホームパーティーというほどのものではないが、俺が料理を振る舞った。すると、鶴見も「自分も料理を作って、ご馳走する」と言い出した。何を作ってくれるのかと思ったら、ソーセージの入ったスパゲッティが出ただけで愕然とした記憶がある。

とにかく金を使うことを極端に嫌がっていたから、服もいつも同じものを着ていた。

カルロス・コロンが不思議そうに、「サクラダ、ツルミは何でいつも黒いズボンに赤いシャツなんだ？　あれしか服を持っていないのか？」と聞いてきたから、思わず笑ってしまった。

後に俺は何度となくプエルトリコを訪れることになるが、この時は3ヵ月だけの滞在だった。それでも毎日試合があって危険な目に遭っていたし、なかなか濃厚な時間を過ごした。

83年12月からは、再びフロリダ地区だ。この時の抗争相手は、マイク・ロトンドやマイク・グラハムである。

年が明けて、84年1月に俺はロトンドからフロリダ・ヘビー級のベルトを奪った。ロトンドはレスリング出身の猛者で、身体も大きく男前だった。渋いレスリングをするし、俺の中では戦いがいのあるレスラーだった。

ベルトは3月にレイクランドでビリー・ジャック・ヘインズに落とした。この時、ヘインズは期待の新人として売り出し中だった。彼は人間的にはいい奴だが、レスラーとしては未熟で、当時は木偶の坊と言っていいほどだった。

新人にありがちなことだが、ヘインズはいつも力がガチガチに入っているから試合がやりづらい。ヒールはどんな選手が相手でも、お客をヒートさせてベビーフェースを光らせるのが仕事とはいえ、ヘインズを引き上げるのは大変な作業だった。

ベルトを手放した俺は、84年5月からカナダのマリタイム地区に転戦した。古巣であるカルガリーのスタンピード・レスリングは全米侵攻の乗り出したWWFに買収されており、この時期から北米マットは勢力図が大きく変わっていく。

マリタイム地区には、マイク・グラハム、マーク・ルーイン、ココ・サモアなどフロリダ所縁のレスラーの他、ヒューバート・ギャラントなどカルガリーにいた連中もいた。そもそも俺をここに呼んでくれたのがカルガリーで何度となく戦ったレオ・バークだった。この後、俺は再びフロリダを経由して、85年にはオレゴン地区を拠点にしながらAWAに参戦することになる。

オレゴン地区のプロモーターはドン・オーエンで、ベビーフェースのトップは前述のビリー・ジャック・ヘインズだった。この時も俺はいきなりヒールのトップとして入った。

その頃、オレゴンには名の通ったヒールはいなかったが、急に来た俺がトップの扱いを受けることに不服な奴らもいた。そんな嫉妬の声のせいで、俺は一度真ん中くらいのポジションに落とされた。

ところが、俺のランクを落としたら、お客が入らなくなった。そうなると、必然的にレスラーたちのギャラもダウンする。慌てたドン・オーエンはすぐに俺を上に戻し、またお客が入るようになった。収益が上がれば、レスラーのギャラもアップする。文句を言っていた連中も態度が変わり、「サンキュー」と言ってくるようになったから現金なものだ。

先ほども述べたように、84年からビンス・マクマホン率いるWWFが全米進出をスタートさせたことで、各地のテリトリーはその対抗策を講じていた。バーン・ガニアのAWAも苦戦を強いられており、この頃は補強のためにオレゴン地区の選手たちが参戦していた。

AWAではマサ斎藤（ミスター・サイトウ）さんと組んでグレッグ・ガニア&ジム・ブランゼルのハイフライヤーズと対戦したこともあるし、ジェイ&マイクのヤングブラッド兄弟とも戦った。3月20日にはニュージャージー、同月22日にはニューヨークでリック・マーテルのAWA世界ヘビー級王座にも連続挑戦している。

拠点のオレゴン地区では4月にポートランドでエド・ウィスコスキーと組み、ビリー・トゥ・イーグルス&ドン・ランニング・ベアからパシフィック・ノースウェスト・タッグ王座も奪取した。こうして振り返ってみると、あちこちのテリトリーに行くたびにベルトを獲得していたことに自分でも驚く。あまりタイトルに執着はないから全部は憶えていないかもしれないが、ベルトはプロモーターやブッカーの評価の証でもあるから、彼らの期待に応えることができていたのだろう。

俺にとって、この85年はひとつの転機でもあった。日本マット界のゴタゴタが海を渡って、俺のもとにも波及してきたのだ。

俺は向こうにいたから詳細はわからないが、84年に新日本プロレスから選手が大量に離脱し、旧UWF、ジャパンプロレスという2つの新団体が生まれたという。その結果、新日本は選手不足に陥り、アメリカにいた全日本所属の高千穂さん、トンガ、俺、そしてメキシコにいた越中の引き抜きを画策したのだ。

俺がAWAで仕事をしていた頃、日プロ時代の先輩である坂口さんから会いたいと連絡が入った。この時期の俺は完全に海外に定着していたので全日本プロレスの一員という意識は希薄だった。それは高千穂さんも同じだったはずである。

俺は指定されたニューヨークのホテルに向かい、坂口さんと会談を持った。当時、坂口さんは新日本の副社長兼ブッカーであり、挨拶もそこそこに話題は仕事のことに移った。

「桜田、アメリカにいて今の日本の事情をどこまで知っているかわからないが、お前に頼みがあるんだ」

坂口さんが硬い表情で切り出す。俺は黙って、話を聞いていた。

「選手が誰もいなくなってしまったんだ。新日本プロレスを助けてほしい。試合数もしっかり保障する。3年契約で来てくれないか。桜田、頼む」

頭を下げる坂口さんの目は、涙で濡れていた。それだけ切羽詰まった状況だったのだろう。

数年前から、新日本と全日本が外国人レスラーの引き抜き合戦をしていたことは知っていた。俺がドリーム・マシーンとして83年1月に帰国した時は、猪木さんのライバルだったタイガー・ジェット・シンが全日本のリングに上がっていたし、そのパートナーとして上田さんもいた。海外でテリトリーを移ることは普通のことであり、2人は同じような感覚だったに違いない。

しかし、俺は一応、全日本の所属選手である。当たり前だが、坂口さんの計画を阻止するべく、水面下では全日本側も動いていた。馬場さんの指示かどうかはわからないが、ジャパンプロレスに移籍した永源さんから俺のところに何度も国際電話がかかってきた。

「桜田、そっちに新日本から連絡が来てるんじゃないか？　いいか、新日本はもうすぐ潰れるんだから絶対に行くなよ」

永源さんだけではない。坂口さんの動きを察知した馬場さんがアメリカに来て、俺らを引き留めようとしたのだ。この時、馬場さんは本気で新日本を潰そうとしていたように思う。俺とトンガは坂口さんと会った後、馬場さんにロサンゼルスに呼び出され、話をした。

「坂口が来たんだってな？」

「はい。ニューヨークで会いました」

「坂口は、何でこんなところまで来たんだ？」

事情はわかっているはずだが、馬場さんは俺とトンガに問い詰めるように聞いてきた。

「新日本に来てほしいと言われました。3年契約という話をいただきました」

俺は、坂口さんから伝えられたことをありのまま馬場さんに話した。

「お前ら、新日本に行くのか？」

この時、馬場さんの口から「行くな」という言葉は出た。しかし、残った場合の条件や待遇に関しては一切提示されなかった。

結局、トンガは坂口さんと新日本に行く約束をしていたようだが、馬場さんの圧力に押されて「全日本に残ります」と折れた。しかし、俺は全日本に戻るつもりはなかった。

「もう坂口さんと約束したので、俺は新日本に行きます」

馬場さんに、はっきりとそう告げた。そもそも全日本と契約を交わしていたわけではないし、日本に戻っても馬場さんが俺をいいポジションで使う気がまったくないことは明白だった。

一方、深刻な選手不足に悩んでいた新日本からは、本気で俺を必要としていることが伝わってきた。さすがに坂口さんの涙ながらの訴えには驚かされたが、どうせ日本に行くなら必要とされているリングに上がりたいというのは人間として普通の気持ちだろう。

新日本に行く前には、坂口さんから一仕事を頼まれた。7月からノースカロライナに若手の後藤達俊が修行に出ることになり、その面倒を見てほしいと言われたのだ。

85年6月、俺は後藤より一足先にケンドー・ナガサキとしてジム・クロケット・ジュニアが仕切っていたミッドアトランティック地区に入った。後藤が合流してからはストロング・マシンのマスクを被って、『ライジング・サンズ』というタッグチームを結成した。

後藤はまだキャリアも浅く、初めての海外だったから英語もできなかったし、ここでは何が必要なのかをしっかり教えないと仕事にならない。

俺は10月から新日本に参戦することが決まっていたのでライジング・サンズは3ヵ月だけで終わってしまったが、この短い期間で数百万円も貯めることができたと後藤は大喜びしていたから、まだまだ稼げた時代だったということだ。

第13章　失敗だった『ランボー・サクラダ』への転身

１９８５年10月４日、札幌中島体育センターで行われた『バーニング・スピリット・イン・オータム』開幕戦で俺は初めて新日本プロレスのリングに立った。この時期は猪木さん、坂口さんの他、藤波選手、木村健吾がヘビー級の主力で、あとは若手ばかりという状況だった。この日、俺はミッドアトランティック地区で面倒を見た後藤と組み、コンガ・ザ・バーバリアン&リック・オリバーを降した。

この時、俺はケンドー・ナガサキではなく、新たに「ランボー・サクラダ」というリングネームで新日本に上がることになった。これは坂口さんと相談して決めたものである。外国人側のヒールではなく、後藤と組んでいることからもわかるように選手不足だった日本側の助っ人としてベビーフェースでの参戦だった。

最初のシリーズでは、ダラス地区で抗争していたブルーザー・ブロディとも再会した。ブロディの自分のやりたいことしかやらないスタイルは、どこのリングでも変わらない。ダラスではこっちもトップでやっていたが、日本では自分よりもポジションが下ということで、完全に見下してくる。あの男は「俺は上で、お前は下」という格の違いをあからさまに押し出してくるから、本当に腹が立って仕方なかった。

日本陣営に入ったことで、ランボー・サクラダは必然的に正統派スタイルをやらなくてはいけない。そうなると、イスや竹刀で殴ったりもできない。結局、この新キャラクターはしっくり来なくて、1シリーズで終わりにした。やはりベビーフェースは俺には合わない。そのことがわかっただけでも、収穫ということにしておこう。

新日本での2シリーズ目となる暮れの『IWGPタッグ・リーグ戦』で、俺は初めてケンドー・ナガサキの姿を日本で披露した。当然、髪型も落武者スタイルで、顔にもペイントを施した。

このリーグ戦に、俺はミスター・ポーゴとのコンビで出場することになった。その他の出場チームは、猪木&坂口、藤波&木村、ブロディ&ジミー・スヌーカ、ディック・マードック&マスクド・スーパースターなどで、全8チームによる総当たり制である。

このリーグ戦では、ブロディの出場ボイコット事件が起きた。ブロディがどうして最終戦の会場に姿を見せず、そのまま帰国したのか本当の理由は俺にはわからないが、あいつは平気でそういうことをする独善的な男である。こういったプロモーターやブッカーに従おうとしない態度が後の刺殺事件に繋がったのは明白だ。その事件については、俺も同じ会場にいたので後述しよう。

さて、よく新日本と全日本はスタイルが違うと言われるが、俺も両方を経験して同じことを感じた。そのひとつは、相手を光らせる受けの部分だ。

全日本では攻撃されたら、それをしっかり受けて、相手のいい部分を引き出すことが当たり前だった。いや、これは基本的にどこのテリトリーでも同じだし、日プロもそうだった。海外でも俺はヒールだからベビーフェースをイジメつつも、最終的には相手の攻撃を受けて引き立ててやった。

しかし、新日本の選手は自分が弱く見えるのが嫌なのか、攻撃を受けようとしない。そうなると、こっちばかり受けていたら、いいところがなく試合が終わってしまうことになる。彼らは自分がやりたいことをやるだけで、あまり相手のことを考えていなかった。

俺が日プロで教わったのは、攻める時はもちろん思い切り攻めるが、相手を引き立てることも大事ということだ。相手の良さを引き出し、その上で勝つ。吉村道明さんは、それが特に巧かった。やられているから勝った時のインパクトもあるわけで、一方的に攻め続けて勝っても試合に波が生まれない。

同じ時期にジャパンプロレスの長州力たちは、全日本のリングに上がっていた。おそらく全日本の選手たちは、新日本から来た長州たちのスタイルに驚いたはずである。新日本のスタイルは、日プロで教えられたプロレスとは明らかに違うのだ。

攻めに関しても、違和感があった。たとえば俺は全日本の若手時代にボストンクラブを決め技にしていたから、最後にそこに持って行くために攻撃の中心は腰と決めたら、そこを徹底的に攻めるようにしていた。これが足なら足、腕なら腕。攻撃の軸を決めて、一点攻めをするのがプロレスのセオリーであると教わった。

ところが、新日本の選手はそれができていなかった。足を取ったと思ったら、すぐに腕を取ってきたり、思うがままに何でもやってくる。フィニッシュまで持って行く流れの作り方が全日本とは根本的に違うのだ。日プロ出身の猪木さんや山本小鉄さんもいるのに、どうしてこういうスタイルになってしまったのか不思議で仕方なかった。

ただ、その中でもリング上の猪木さんは違った。細かいことも巧いし、技を受けて相手を光らせるようにしてくれる。基本的に試合でやる動きは、アドリブだ。だから、緊張感も生まれる。俺は猪木さんのアドリブに対応できるし、猪木さんだって俺が何を仕掛けてもしっかり対処してきた。お互いに臨機応変に動くから、猪木さんとの試合はやっていて面白かった。

新日本の選手にはない猪木さんの凄さは、他にもある。あの表情だ。猪木さんは試合中の顔が抜群にいい。怒る時は鬼のような顔になり、やられる時は本当に悲壮な表情をする。感情がお客に伝わりやすいから、それだけで一気に惹きつけることができるのだ。

表情で喜怒哀楽を伝えるのは、思っているよりも難しいことだ。当たり前だが、試合中は自分の顔を見ることができない。俺は日プロ時代に、「お前は表情がない。鏡を見て、痛い時や攻めている時の表情を作る練習をしろ」と言われたことがある。だから、実際に鏡の前に立ち、表情を作ってみた。

プロレスの試合で、お客は基本的に選手の顔を見ている。だから、表情で感情を伝えることは非常に重要なのだ。そういう面でも猪木さんは一流だった。猪木さんが怒ってナックルパートをやる時は、その攻撃力というよりも表情で沸かせていた印象がある。ジャンボは試合は巧かったが、怒った顔ができなかった。あれだけの選手なのに、なかなか人気が出なかったのは、そういう部分が理由だったのかもしれない。

ブロディやマスカラスのように弱く見られたくないからといって、受けに回るのを嫌がる選手もいる。しかし、やられるのを嫌がって攻めてばかりいたら、相手が弱く見えるだけのことである。そのまま試合に勝っても、それほど強いとは思われない。むしろ、「あんな相手なら、俺でも勝てるんじゃないか?」と思われるのが関の山だ。

やられて、やられて、相手の強さを存分に見せた上で最後に勝てば、より強く見えるものだ。試合の中で波を作り、それを最後の場面で爆発させる。どんな漫画でもそうだと思うが、最初から一方的に敵に勝つ主人公はいない。ヒーローは苦戦して勝つから格好良く見えるし、強い相手に勝つからこそ読者は爽快感を覚え、感情移入できる。プロレスも試合の中で同じことをやっていくべきなのだが、猪木さんはそこを十二分に理解していた。

猪木さんとは対照的に、坂口さんは不器用だった。ボディスラムで投げようとすると、体重移動がうまくないから、より重く感じる。俺は、柔道のオリンピック金メダリストからプロレスに転身したアントン・ヘーシンクを思い出した。

ヘーシンクは俺が全日本の若手だった時代に入ってきたが、受け身もロープワークもヘタだった。柔道でも受け身はあるが、プロレスの受け身はまた別物だ。彼はプロレス流の受け身を怖がっていたために、なかなか身に付かなかった。ロープを走るにしても、バタバタで不細工だった印象しかない。

『IWGPタッグ・リーグ戦』に話を戻そう。俺とポーゴのチームはケツから2番目の7位という最低の結果に終わったが、このリーグ戦の最中にはブロディのボイコット以外にも大きな出来事があった。

12月6日、両国国技館に前田日明、藤原喜明、俺にとって日プロの先輩である木戸修さんら旧UWFの5選手が来場し、新日本に参戦することを表明したのだ。俺は人がいないから助けてくれと言われて新日本に出ることになったわけだが、UWF勢が来たことで団体内部の風向きは少しずつ変わっていくことになる。

年が明けて86年2月、新日本プロレスの新春シリーズが終わると、俺は再びフロリダ地区に向かった。とはいっても、UWF勢が来たから、お役御免になったわけではない。新日本の期待のホープである武藤敬司が向こうにいて、その面倒を見てほしいと前から坂口さんに頼まれていたのだ。

85年10月から俺は新日本プロレスに上がるようになり、リング上でアントニオ猪木さんやUWF勢とも対戦しつつ、"未来のエース"武藤敬司の世話も任された。

第14章　俺は遠征に行った先の女とは一通りやった

新日本の将来のエースとして期待されていた武藤はまだデビューして1年程度のキャリアだったと思うが、前年の１９８５年11月からフロリダ地区に武者修行に出ていた。若いから動きすぎるところがあったものの、センスの良さは十分感じられたから、あとはこのビジネスをやっていく上で大事なことを覚えるだけだ。

俺たちは、フロリダのアパートに一緒に住むことになった。家事は分担制で、俺が料理を作る係、武藤は洗い物専門である。

「武藤、今日は何が食べたい？」

「親子丼が食いたいですねえ」

俺はリクエストに応えて洋食も日本食も作ったし、弁当を作ってやったこともある。

武藤は車の免許を持っていなかったから、サーキットに行く時も俺が運転して会場に連れて行ってやった。

俺と天龍が馬場さんのブッキングでファンクスが仕切るアマリロ地区に出されたよう

に、武藤も新日本の要請を受けたフロリダのCWFに引き取られた形だ。この会社はエディ・グラハムが85年1月にピストル自殺した後、役員のデューク・ケオムカさんとヒロ・マツダさんが運営していた。この時期のブッカーは、ワフー・マクダニエルだった。

俺がフロリダに入ってから、武藤もようやく試合が組まれるようになった。最初は黒いショートタイツに黒いシューズという日本と同じスタイルでリングに上がっていたが、その後にワフーの指示で忍者スタイルに転向する。しかし、武藤はまだ新人でヒールとして試合を引っ張っていくことがうまくできないから、ベビーフェースをやっていた。日本人で忍者のような格好をしていながら、ベビーフェース。これは何とも中途半端なポジションだ。それを続けていても、アメリカでは絶対に上に行くことはできない。武藤が浮上するきっかけは、ケンドー・ナガサキとの合体だった。

俺は、この時もヒールのトップとしてフロリダに入った。今回は、ベビーフェースのトップであるワフーとの抗争が目玉だ。

抗争がスタートすると、シングルやタッグで連日同じ相手と戦うことになる。しかし、同じ内容の試合ばかりだと、すぐに飽きられてしまうから、要所でアクセントが必要だ。今日はお客が静かだなと思ったら場外に行って派手に暴れて盛り上げ、次に同じ場所に来た時には、あえてリング内のレスリングだけに終始する。そうやってメリハリをつけながら、抗争を続けていくのだ。

ある時、俺とワフーの試合に武藤を乱入させた。もちろん、ブッカーでもあるワフーの指示だ。当然、お客はベビーフェースの武藤が出てきたから、ワフーに味方するものだと思っている。ここで武藤がワフーを裏切って俺に加勢したものだから、お客はヒートして物凄い罵声が飛び交った。これで武藤は一転して、ヒールになった。プロレスの世界では、よくある手法である。

武藤はアメリカ人から見ても男前だから、ルックス的にはヒール向きではない。ただし、アメリカで日本人がトップに行こうと思ったら、絶対にヒールの方がいい。逆に言えば、ベビーフェースで上に行くのは限界がある。武藤にとっては初めてのヒールだったが、わからないことがあると、すぐに俺に聞きにきた。この辺のオープンな気持ち、仕事に対する真摯さが成長した要因だろう。

ヒールは相手を憎々しくいたぶることも大事だが、同時にやられっぷりが良くないといけない。顔をしっかり作って、お客に憎まれるようにすることも必要だ。ヒールの仕事は、どういうものなのか。どうすれば、お客に憎まれるか。それを俺は武藤にアドバイスした。武藤は教えれば、すぐに何でもできたから、新人でもまったく手のかからないパートナーだった。

ヒールになったとはいえ、端正なルックスの武藤は女にモテモテだった。向こうでレスラーはヒールだろうが、ベビーフェースだろうが、日本人だろうが、とにかくモテる。どこのテリトリーにも試合後にレスラーが集まる飲み屋があって、そこにはレスラー目当ての女の子がいつも溢れかえっていた。武藤は慎重に女を選ぶタイプだったが、俺はやることはすぐにやってしまう方だった。

当時、武藤は英語がほとんど喋れなかったから、女の子のファンは「彼と付き合いたい」とパートナーの俺に相談してくる。俺も人がいいから「おい、武藤、あの女はどうだ？　いい女じゃないか？」とちゃんと推してやるのだが、「いやあ、俺はいいです」と断わってくることがよくあった。武藤は一途なところがあって、フロリダではずっとひとりの女と付き合っていた。

アメリカ、カナダ、ドイツ、プエルトリコ、メキシコ、韓国…俺の場合は、遠征に行く先々で必ず彼女を作った。人数は憶えていないが、行った土地の女とは一通りやっている。海外に長くいたから、何年も外国人専門だった。

外国で言葉を覚えるには、女と付き合うのが一番早いというのは本当の話だ。口説こうと思ったら、その国の言葉を話せないといけないし、デートの時やベッドの中での会話も成り立たない。実際に俺は女と付き合う中で、徐々に英語を覚えていった。

国籍だけでなく、相手の年齢も上から下まで経験した。ちなみに、好みは痩せた女である。ルイジアナにいた時は、キラー・カール・コックスの娘の友達ともやった。フロリダで車の中でやっていたらレスラーが10人くらい見ていたことがあったし、別の人妻とは旦那が見ている前でやったこともある。後藤とノースカロライナにいた時は日本人のカメラマンが取材に来て、部屋で知り合いの女と一緒に飲んでいると、「やりたい」と言い出したから、あてがってやった。

ちなみにダラス地区でチャン・チュンをやっていた時に知り合った女の子とは、結婚した。その時、産まれた子供は30歳になり、身長が190センチくらいある。

その女房とは離婚したが、息子とはダラスで何度も会っている。最後にダラスへ行ったのは、2001年だ。ちょうど9月11日に同時多発テロ事件が起きた時である。だから、日本から「大丈夫か⁉」と電話がたくさんかかってきた。息子にはプロレスをやらせようと思ったこともあったが、本人は金にならないからと今は電気屋をやっている。

ちなみに、子供は別のフロリダで付き合っていた女の間にもいる。彼女は妊娠したことを俺に告げることなく、黙って男の子を産んだ。日本と違って認知してくれとも言ってこないし、俺も養育費を払っていない。それどころか、俺はその子の名前も知らないくらいだ。

何かの用事でフロリダへ行った時、本当に偶然だったのだが、車の中からその子の姿を一度だけ見かけた。顔が俺にもダラスにいる息子にも似ていたから、一発でわかった。

女絡みの話でいえば、こんなこともあった。WCWにいた頃、ノースカロライナへ行った時に俺と武藤の部屋に2人の女が遊びに来た。それぞれのベッドで寝ていたら、俺の方の女の様子がおかしい。「ユー、アンダースタンド?」と、やたら何度も聞いてくるのだ。よく見たら、そいつは女ではなく、オカマだった。

「おい、武藤! こいつ、男だよ!!」

隣のベッドにいる武藤に教えると、「ええっ、マジですか!!」と驚いて飛び起きた。すっかり気持ちが萎えた俺たちは、「早く帰れ!」と2人に服を着させて部屋から追い出した。海外を転戦していると、こんな目にも遭う。

そんな感じで武藤とはプライベートでもずっと一緒にいたから、いろいろな意味で海外で生き抜く術を教えられたと思う。プロモーターや向こうのレスラーとの接し方についても、アドバイスした。この仕事をしていく上で、彼らとのコミュニケーションは大事なことだが、決してナメられてはいけない。武藤はそういったことも、しっかり吸収していた。

いつだったか、フロリダで試合後に控室でナイフを向けられたことがある。相手は、キューバ出身のフェデロ・シエラというレスラーだった。試合中に俺が竹刀で思い切り殴ってやったから、頭に来たのだろう。しかし、ここでビビってはいけない。

「刺せるもんなら、刺してみろ！」

俺がそう怒鳴りつけたら、彼は引き下がった。今では、そのフェデロとフェイスブックで友達として繋がっている。現在はリタイアして、フロリダ州ラーゴでスポーツバーを経営しながら元気に暮らしているようだ。

控室で、他の選手の金を盗む奴もいた。「あいつは手癖が悪い」という噂が流れると、本人以外の全員に「気をつけろ」と情報が回ってくる。そういう時は自分の出番が来たら、信用できる選手に金を預けたり、シューズやタイツに金を入れて試合をしたりする。俺も「サクラダ、ちょっとこれを預かっていてくれないか」と頼まれたことが何度もあるが、海外ではこういう苦労もあるのだ。

さて、この頃の俺は海外と新日本を行き来する生活だったから、ひとまずフロリダで3ヵ月過ごした後、武藤を残して一人で日本に戻ることになった。

86年7月から再び新日本のシリーズに参戦したが、今回は前年のタッグリーグ戦でもコンビを組んだミスター・ポーゴと共に本格的に外国人サイドに組み込まれ、さらに俺たちのマネージャーに市ちゃんこと将軍KYワカマツが付くことになった。

マネージャーが付くことは新日本側から事前に知らされていなかったが、俺は国際プロレスに出たこともあったし、市ちゃんとは知らない仲ではない。それまでも市ちゃんは新日本のリングでマシン軍団やアンドレ・ザ・ジャイアントに付いており、ヒールのマネージャーというポジションが浸透していた。これは俺とポーゴが日本陣営に敵対しているという立ち位置を明確にすることが狙いだった。

1～2月のシリーズに出た時は対戦がなかったUWF勢とも、このシリーズでは試合をした。ペイントを施して悪徳マネージャーをつけている俺たちとシュートスタイルを押し出すUWF勢は水と油のように映ったかもしれないが、やる側としては違和感はない。彼らもやっていることは、同じプロレスだ。前田日明も藤原喜明も試合をしてみて、やりづらいとはまったく思わなかった。

試合で俺が前田のアキレス腱固めを返したり、スープレックスを切り返したことで観ていた人は驚いたようだが、別に普通に試合をこなしただけのことだ。相手が足を取ってきた時の切り返しは基本として徹底的に学んだから、それが通常のプロレスのレッグロックだろうが、ＵＷＦ流のサブミッションだろうが、俺の中で区別はない。

一方、新日本の選手たちはＵＷＦの選手と試合をするのを嫌がっているように見えた。だが、俺が前田から受けた印象は、「普通のプロレスラー」というものだった。少なくとも俺と試合をした時は、こっちの技もしっかり受けていた。

ポーゴは蹴られてばかりいたが、キックはどこから来るかわかったから、俺は顔面だけはディフェンスするようにしていた。胸を蹴ってくる分には、いくらでも蹴ってきていい。ヘンに避けることなく、鍛えている胸を出してキックを受けていれば、ケガをすることはない。これも日プロの道場で教わったことだ。

同じ頃、新日本に参戦していた上田馬之助さんが前田のキックを真正面から受け止めたことで高く評価されていた。これは日プロ時代に教わったことをやっていたに過ぎない。ビビって中途半端に避けるのが一番危ないのだ。ＵＷＦの代名詞だった関節技にしても同じである。アキレス腱固めも腕絡みも日プロの道場で使われていたから知っている技だったし、見たこともないような技術を彼らが持っていたわけではない。

新日本のシリーズが終わると、とんぼ返りでフロリダに戻った。年末には再び新日本に参戦する予定となっていたために、この時は短期間の滞在だ。

このように出たり入ったりしていると、なかなかメインストーリーに絡むのは難しくなる。それでも9月1日、デイトナビーチで開催されたNWA&AWAのラスト合同興行『バトル・オブ・ザ・ベルツⅢ』では、ニック・ボックウィンクルのAWA世界王座に挑戦することができた。ニックは柔らかく、レスリングもできるので、試合はやりやすいタイプだった。

この日はリック・フレアーvsレックス・ルガーのNWA世界戦もラインナップされ、武藤はティム・ホーナーを破ってUSジュニア王座を奪取した。レックス・ルガーはガチガチにカタくて、試合がやりづらいタイプである。こういう選手は、相手に引っ張ってもらわないと光ることができない。

この後、11～12月は新日本の『ジャパンカップ争奪タッグ・リーグ戦』にポーゴと組んで参戦し、翌87年1～2月はカナダのモントリオール、2～3月は再び新日本のシリーズと飛び回った。以前に比べて日本のスケジュールが増えたが、ありがたいことに海外でも必ず仕事はあった。

海外で生き残っていくには、自分の賞味期限を見極めることが大切だ。俺はどこのテリトリーに行ってもヒールのトップとして迎えられることが多く、そうなるとベビーフェースのトップと抗争が組まれる。タイトルを獲れば防衛ロードが始まり、ベルトを失うとひとつの流れが終わる。

ベビーフェースに転向して同じテリトリーに留まる選手もいるが、日本人の俺の場合はそうもいかない。ブッカーが扱いにくくなってきたのがわかると、次のテリトリーを探すのだ。もちろん、こっちの状況を見て他の地区のブッカーからオファーが来ることもある。80年代はまだテリトリーがたくさんあったから、すぐに次の仕事場は見つかった。

テリトリーが変われば、対戦相手やお客だけでなく、リングも変わる。海外では必ずしも日本のように安全で立派なリングがあるわけではなく、ハプニングはいろいろあった。ＮＷＡの総本山と呼ばれたセントルイスのリングは、サイズが大きくてロープが太い。また、支柱がたくさん入っており、ボクシングのリングのようにマットが硬かった。

これはお客には絶対にわからない部分だろう。

プロレスのリングの大きさは、6〜6・5メートル四方が一般的だ。このサイズに合わせてロープワークの練習をしているから、セントルイスのように大きなリングだと歩幅が合わない。そんなことを気にしてロープを走っていると、余計に疲れてしまうものだ。

田舎でショーをやる時は大きなリングを持ち運ぶのが大変だから、小さなリングを使うこともある。その場合も、またロープワークの歩幅が合わない。普通はロープに当たる時、3メートル先辺りから飛ぶようにする。そのくらい勢いで当たらないと、強く反動を付けることができないからだ。

ニュージーランドでは、リングに穴が開いてしまったこともある。リングは支柱を組んだ上に板を敷いて、そこにマットを敷いているのだが、試合中にその板が割れてしまったのだ。足を取られるとケガをするから、ひやひやしながら試合をしたことを憶えている。

フロリダでは、ロープが切れたこともあった。ロープワークの時は半身になり、ロープを掴むようにして当たるように教わる。これはこの時のように、試合中にロープが切れてしまっても事故が起こらないように考えられたやり方だ。

最近の試合を見ていたら、背中を全部ロープに付けている選手がいた。もしも背中を預けた時にロープが切れたらどうなるか。当たり前だが、後頭部からリング下に落ちてしまう。海外では、いつ切れてもおかしくないようなロープが使われていることも珍しくない。半身でロープに当たれば、相手のいる位置も確認できるし、場外の方も見ることができる。ヘタクソな奴は後頭部をロープに当てたり、中にはロープの間から場外に落ちた奴もいた。

プロレスラーは、リングの大きさも身体で覚えている。シングルマッチの時はまだしも、タッグマッチや6人タッグなど複数の選手がリングに上がっている時は、自分のいる位置や相手がどこにいるかを常に把握していなければいけない。試合中に選手同士がヘンにぶつかったりしないのは、そのためだ。見ていないようで、相手を投げる時も他の選手がいないことをしっかり確認してから投げている。

そういうことができる選手とできない選手は、リングに上がっただけでだいたいわかる。ＴＶマッチで若手のジョバーと試合をやると、中には満足に受け身も取れない選手もいる。そういう時は、こっちがコントロールして一方的に終わらせればいい。プロモーションの要素が強いTVマッチでは「3分で終わらせろ」と言われたら、その通りに終わらせないといけないからヘタな奴には付き合っていられない。

海外での生活は付き人がいないから、トップを取っていても自分のことは自分でやらなければいけない。ケンドー・ナガサキに変身してからは、防具や面、竹刀など荷物が多くて大変だった。

洗濯も剣道着は生地が厚いから、乾かすのが大変だ。幸いにもアメリカはあの時代から、どこのホテルにもコインランドリーがあり、大型の乾燥機も常備されていた。その点では、日本での巡業よりも洗濯は困らなかったかもしれない。

そんな感じで俺は坂口さんの要請を受けて新日本に参戦するようになってからも、海外でのスケジュールをこなしていたが、87年の夏になると、また情勢が変わってきた。UWF勢に続いて、長州力らジャパンプロレスの連中も新日本に戻ってきたのだ。

あの頃の控室は、新日本勢、前田たちのグループ、長州たちのグループという感じで分かれていて、俺は外国人側の控室だった。だから、前田が長州の顔面を蹴ったとかで揉めた時も「何だか騒がしいな」と思ったぐらいで、俺のビジネスには関係ないことだから気にも留めなかった。

第15章　ブルーザー・ブロディ刺殺事件に遭遇

1988年1月、俺はプエルトリコにいた。ここでの仕事は、約5年ぶりである。トップは相変わらずカルロス・コロンで、この時はブルーザー・ブロディも来ていた。

ある日、俺はポーゴと組み、ブロディ&ロッキー・ジョンソンと対戦したが、この試合は大荒れとなった。これまでにも書いてきたようにブロディは、常に人を見下している。プエルトリコではブロディがベビーフェースのトップで、俺たちはヒールのトップだった。つまり同格なのだが、ブロディは新日本で俺たちがいいポジションを取っていないことを知っていたから下に見ており、罵るように「ジャップ！」という言葉を浴びせかけてきた。

試合で自分のやりたいことしかやらないブロディには腹が立っていたが、この日のタッグマッチでは俺の竹刀をへし折ってきた。さすがに俺もこれにはキレて、試合が壊れるのもお構いなしに暴れまくってやった。早い話が喧嘩のような試合になったのだが、ポーゴは弱いからボコボコにやられていた。しかし、俺はそうはいかない。ナメてくる奴には、やり返す。そうやって、ここまで海外で生き延びてきたのだ。

ちなみに剣道の防具は20万円以上するので1セットしか持っていなかったが、竹刀は高いものではないし、海外でも買うことができたのでスペアは何本か持っていた。それでも意味もなくへし折られたら、頭に来て当然である。

パートナーのポーゴについても、少し書いておこう。新日本でもタッグを組んでいたこともあり、俺とポーゴがいいコンビだと思っている人もいるかもしれない。しかし、実際はまったくの逆で、俺はあいつをまったく評価していない。

試合はしょっぱいし、やり口が汚いのが昔から嫌だった。ポーゴは俺には面と向かって何も言えないが、プロモーターにはすぐに告げ口をするし、下の選手たちには偉そうな態度を取る。俺はそういう姑息な奴が大嫌いだ。

ある時、何かで腹が立ち、ドレッシングルームでポーゴをイスでぶん殴ったこともある。周りにいたレスラーたちは引いていたが、関係ない。俺が容赦なくボコボコにすると、ポーゴは泣きながら「もうパートナーはやめる！」と言い出した。しかし、奴にそんな度胸がないことはわかっている。

「お前なんか、いなくてもいい！　好きにしろ！」

そう怒鳴りつけてやったが、あいつがプエルトリコから出て行くことはなかった。

日本に戻っていた武藤をプエルトリコに呼んだのは、ポーゴが頼りないからというのも理由のひとつだ。この頃の俺は新日本のスケジュールが入り、日本に戻ることがしばしばあった。自分がいない間にも、誰かにヒールのポジションで仕事をしてもらいたいと思ったからだ。

とはいえ、仕事ができる人間ではないと、プロモーターに推薦できない。向こうは使える選手は重宝されるが、使えないと思ったら即「バイバイ」だ。つまり、武藤は修行中の身だったが、すでに任せられるレベルにあったということである。

問題はポーゴだ。俺が日本に行っている間に、武藤に何をするかわからない。ポーゴには「武藤をイジメるなよ！」と釘を刺しておいたが、あいつは俺のいないところで姑息なことをする男だ。実際、ポーゴはオフィスに武藤の悪口を吹き込んでいた。悪評を立ててプエルトリコから追い出し、自分のポジションを守ろうとしたのだろう。

日本でのスケジュールを終えてプエルトリコに戻ると、その話を他のレスラー仲間から聞いた。この時も「馬鹿野郎、お前は何で仲間を陥れるんだ！」と竹刀でボコボコに殴ってやったが、ああいう性格は治らないのか。こんな調子だから、俺と武藤は住む場所も移動も一緒だったが、ポーゴは別行動だった。

そんなポーゴとも、プエルトリコでWWC世界タッグ王座を獲ったことがある。プライベートでは、2人で現地の姉妹と付き合ったこともあった。俺が姉の方で、ポーゴがその妹である。そのまま結婚していたら、あんな奴と義理の兄弟になるところだった。

後に武藤が変身するグレート・ムタの原型は、このプエルトリコで生まれたものである。プロモーターに言われて、顔にペイントをするようになったのだ。しかし、武藤は顔に線を入れたり、十字架みたいな模様を描いたりと簡単なデザインばかりだった。

「武藤、何だよ、それ？ もっとちゃんとペイントした方がいいよ」

俺がそう言っても、やはり武藤はバッテンを描いたりするだけで最初はペイントを面倒くさがっていた。

年齢は離れているが、武藤との共同生活は楽しいものだった。ある時、生魚に当たって死にかけたこともある。スーパーで買ったマグロの刺身を食べたら、食当たりを起こしたのだ。地元の人は生のマグロにレモンや酢をかけて殺菌していたが、それをやらなかったのがまずかったようだ。

翌日、腹が痛くなり、蕁麻疹も出た。

「ヤバイな、これ…。救急車を呼ぼうか?」

2人でそんな相談をしていたが、運悪く当日は野球場で試合が組まれていた。ひとまず悪いものを出さなければいけないと思い、口の中に指を突っ込んで無理やり吐き出して、重い身体を引きずりながら何とか会場に行った。そんな最悪のコンディションでマーク&クリスのヤングブラッズと30分以上も試合をやることになり、あの時は本当に死ぬかと思ったものだ。

ここでは俺とポーゴがWWC世界タッグ王座を保持し、武藤はWWCのTV王座とプエルトリカン王座を獲り、一時期は日本人ヒールでベルトを独占していた。つまり、俺たちはプエルトリコマットの中心にいたと言ってもいい。フロリダ時代に比べると、武藤もかなり成長していた。武藤と試合でやりたい放題やってヒートを取ったら、俺たちが帰る時に激昂が収まらないお客が車を追いかけてきて、ピストルで撃たれたこともある。

「武藤、ヤバイよ!」

そう言いながら慌てて逃げたことも、今となっては懐かしい思い出だ。

そんな濃厚な日々を送る中、7月16日にあの事件が起きる。

この日の試合会場は、バイヤモン市のホワン・ラモン・ロブリエル球場だった。事件の当事者であるブロディはダニー・スパイビーとシングルマッチを行う予定で、一方のインベーダー1号ことホセ・ゴンザレスは2号（ロベルト・ソト）とのコンビでロン&チッキーのスター兄弟と対戦することになっていた。

ブロディもゴンザレスもベビーフェースである。だから、控室は同じだった。俺たちはヒールだから、反対側の控室にいた。控室は野球場の一塁側と三塁側にあるから、結構な距離があった。

ブロディはトニー・アトラス、ダッチ・マンテルと一緒に、地元のジム経営者が運転する車で会場に入ったという。事件現場となったベビーフェース側の控室には他にオーナーのカルロス・コロン、共同経営者のビクター・ジョビカ、TNT、ミゲル・ペレス・ジュニア、ヤングブラッド兄弟らがいたはずだ。

俺たちは反対側の控室にいたから、事件の様子は後から伝え聞いたものだ。会場入りしたブロディはブッカーでもあるゴンザレスと会話をしながら、控室の奥にあるシャワールームへ消えていった。アトラスはシャワールームのすぐ傍に立っていて、2人が口論になったのを聞いていた。

そして数分後、ベビーフェース側の控室にいたすべてのレスラーがブロディの悲鳴を聞いた。ゴンザレスが隠し持っていたナイフで、ブロディの腹部と胸部を刺したのだ。

それから何分後なのだろうか、ヒール側の控室にも警察官や医者が入ってきて騒然となった。

「大変だ！　ブロディが刺された！」

そう言いながら、誰もが行ったり来たりしている。

「誰に刺されたんだ？」

「ファンに刺されたらしい」

バックステージでは、情報が錯綜していた。そして、刺したのがゴンザレスだとわかると、レスラーの間に動揺が広がった。

「どうしてゴンザレスが…」

２人がなぜ口論になったのか。そして、ナイフで刺すまでに至ったのか。はっきりとした理由は、今でもわからない。

ただ、これまでも書いてきたようにブロディを良く思わないレスラーはたくさんいた。俺は揉めた原因は、ギャラの問題ではないかと推測している。

プエルトリコのギャラは他のテリトリーに比べて、それほど悪かったとは思わない。それでもブロディからすれば、大きな野球場を満員にしているのは自分の力だという自負がある。そこでギャラに関して、ゴネたのではないだろうか。要は金額のアップである。確かに交渉事を試合の直前にするレスラーというのはいる。もし飲めないなら、試合をキャンセルするとゴネるのだ。

ゴンザレスはブッカーをやっていたし、会社の株も持っていた。ブロディはボスのカルロス・コロンには言わず、現場を仕切るゴンザレスに金額の交渉をしたのだろう。しかも日本のファンもよく知っているように、ブロディは自分の要望が通らないと、当日に試合をボイコットすることも厭わない男である。

いずれにしても、ブッカーが使っているトップレスラーをナイフで刺すなんて異常事態だ。当時の新日本でいえば、坂口さんが両国国技館の風呂場で藤波選手や長州を包丁で刺すようなものである。たとえは悪いが、こう書けばどれだけ有り得ないことかわかるはずだ。ブロディを刺した男として、ゴンザレスは日本のファンには悪い印象があるかもしれない。だが、俺の知っている彼はそれほど悪い人間ではなかった。ギャラのことに加えて日頃の横暴な振る舞いもあり、積りに積もった怒りが最悪の事態を招いてしまったのではないか。

当日はすでにお客を入れていたこともあり、試合は強行された。救急車で病院に運ばれたブロディは懸命の治療の甲斐なく、集中治療室のベッドで翌17日の午前5時40分に息を引き取った。死因は大量の失血だった。

結局、翌日の興行はキャンセルとなったが、ブロディの死についてオフィスから俺たちには説明が一切なかった。アメリカ人選手たちがホテルで待機していると、ダッチ・マンテルの部屋に地元の関係者から「島を出た方がいい」と電話が入った。プエルトリコをツアー中だったアメリカ人選手の何人かは、その日のうちに荷物をまとめて本土行きの飛行機に乗った。

数日後、俺や武藤、ポーゴは現地で執り行われたブロディの葬式に出た。ブロディの顔を見たら、髪の一部がなくなっていた。刺された時に髪も切られたのかもしれない。性格の悪い奴だったとはいえ、レスラー仲間が命を落としたことで誰もが落ち込んでいた。

俺たちも嫌な気分のまま、間もなくアメリカへ向かった。武藤はチャンピオンだったが、そのままプエルトリコを出てしまった。

俺たちが向かった先は、ダラス地区だった。ポーゴは一緒ではなく、俺と武藤の2人だけである。

武藤は無期限の海外修行中だったが、俺は日本と行き来する生活が続いていた。向こうにいる時、移動の際の車の運転は常に俺がしていたが、日本へ行っている間はそれができない。そこで武藤に免許を取らせることにした。俺も試験場に付き添い、まずは筆記試験である。時間は無制限で、辞書を持ち込むことも許されていた。しかし、いくら待っていても武藤が出てこない。確か武藤は8時間くらい問題と格闘していたはずだ。

やっと出てきた武藤に話を聞くと、記号の問題はすぐにできたようだが、筆記は辞書を使って問題を訳してから回答していたのだという。しかし、そんな努力も空しく武藤は試験に落ちてしまった。確か次の試験も落ちて、3度目で受かったと記憶している。

武藤が免許を取ってからは、俺が日本に行っている間は車を貸して一人でサーキットを回らせた。ここのサーキットはオクラホマまで行くこともあるから、移動はなかなかキツイ。このダラス地区には、89年2月頃までいた。

アメリカのマット界はWWFの全米進出以降、各テリトリーが合併したり、協力体制を敷いたりするなどして何とか巨大勢力に対抗する術を模索していた。フリッツ・フォン・エリックが主宰していたダラスのＷＣＷＡ（ＷＣＣＷから社名変更）はジェリー・ローラーとジェリー・ジャレットのＣＷＡに買収され、新たにＵＳＷＡという団体に生まれ変わった。こうしたアメリカマット再編の動きの中で武藤はＷＣＷにスカウトされ、グレート・ムタとしてトップへと駆け上がっていく。一方の俺は、プエルトリコに戻った。

その後、俺は89年5月8日にＷＷＦの『プライムタイムレスリング』（ＵＳＡネットワークのテレビ番組）で、初めてニューヨークのリングに立った。ミスター・フジがマネージャーに付き、試合ではティム・ホーナーに勝利した。

ＷＷＦは、完全な管理プロレスだった。指示通りにやらないとすぐにクビになるから、全員がイエスマンである。朝から会場にいて、昼は豪華なビュッフェが出るのだが、とにかく1日中いなければいけないので拘束時間が長い。その時点で、ここは俺には無理だと感じた。ＷＷＦ側の俺に対する評価も厳しいもので、結局は契約には至らなかった。

その後、俺もＷＣＷと契約を交わした。ここではケンドー・ナガサキではなく、「ドラゴン・マスター」という新しいキャラクターとなり、マネージャーには勝手知ったるゲーリー・ハートが付いた。

ＷＣＷでも武藤と組むことになるのだが、なぜかゲーリーから「歩く時は、後ろ向きに歩け」と指示された。入場の時は武藤とゲーリーが前にいて、用心棒役の俺が後から付いていくのだが、実際にやってみると後ろ向きに歩くのはなかなか難しかった。

ＷＣＷではムタやバズ・ソイヤーと組み、フォー・ホースメンとも対戦した。このリック・フレアー、オレイ・アンダーソン、アーン・アンダーソン、タリー・ブランチャードによるユニットは、ＷＣＷで中心的な存在だった。

ＷＷＦ侵攻によって、アメリカのプロレスビジネスは確実に変わりつつあった。俺は長きにわたって海外マットを主戦場にしてきたが、それも90年の春にＷＣＷを離れて一段落となる。

この頃、俺は水面下である会社のために動いていた。メガネスーパーによる新団体の設立――。それは巨額の金が飛び交う夢のようなビッグプランだった。

第16章　旗揚げ前からＳＷＳが抱えていた最大の問題

年号は、すでに昭和から平成になっていた。１９９０年にメガネスーパーが設立した新団体ＳＷＳ（メガネスーパー・ワールド・スポーツ）に、俺は最初から深く絡んでいる。

俺の知り合いに、ある証券会社に勤めていた人がいた。新日本に参戦している時はマネージャーの市ちゃんも誘って、３人で一緒に食事をすることもあった。その人は、メガネスーパーの田中八郎社長の株を動かしていた。

ある時、その知人が田中社長の株で莫大な利益を得た。税金で持っていかれるくらいなら何かに投資した方がいいと考え、２つの案が浮かんだという。ひとつは北海道で競走馬を育てる牧場を経営すること。そして、もうひとつはプロレス団体の設立だった。

結局、田中社長もその知人もプロレス好きだったことから、株で得た金を元手に新団体を作ることが決まった。こうした経緯があってメガネスーパーは、89年からプロレス界に接近する。当時、飛ぶ鳥を落とす勢いだった新生ＵＷＦの興行で冠スポンサーを務め、東京ドーム大会では後援金として2億円を提供した。TBSでの地上波放送もメガネスーパーの協力によって実現したものだ。

証券マンの知人を経由して、俺の耳にもメガネスーパーのプロレス団体構想の話は届いていた。そして、都内のホテルで田中社長と初めて会い、プランの概要を直接聞かされた。

「お話は聞いていると思いますが、プロレス団体をやることになりました。私たちは素人で、わからないことだらけです。桜田さん、いろいろ頼みますね」

田中社長は、穏やかな口調でそう言った。

最初に言っておくが、俺は田中社長に対して含むところは何もない。初めて会った時もそうだったが、田中社長は偉そうな態度を取る人ではなかった。右か左かイエスかノーかがはっきりしていて、考えていることもわかりやすい。最初に相談を受けたこともあって、田中社長はSWSが旗揚げしてからも俺には随分と気を遣ってくれた。

話は前後するが、団体が旗揚げした後にレスラー数人と田中社長で会食をしたことがある。場所は、高級フランス料理店だった。

レスラーの食欲は底なしだ。いくら食べるかわからないから、俺は「焼肉にしませんか？」と提案した。すると、田中社長は事もなげに言った。

「お金はいっぱいありますから、ステーキは2枚でも3枚でも好きなだけ食べてください」

俺たちはその言葉に甘えて、たっぷりとご馳走になり、帰り際にお礼を言うと、「これを取っておいてください。ご飯でも食べて」と財布の中から入っていたお札をすべて取り出し、60万円ほどの現金を手渡された。

もちろん、俺は「受け取れません」と断ったが、「気持ちですから」と押し切られた。とにかく田中社長は、プロレスにはいくらでも投資するつもりだった。

旗揚げ前に話を戻そう。89年の秋に、市ちゃんが田中社長の使者としてアトランタに来た。

「桜田さん、武藤選手を口説いてほしいんですよ」

プロレス好きの田中社長は俺が武藤の面倒を見ていることも、武藤がグレート・ムタとしてWCWでブレイクしていることも知っていた。新団体のエースとして、その武藤に白羽の矢を立てたのだ。

俺も武藤の力量やスター性はよくわかっていたから、新団体の顔にする案には賛成だった。早速、2人だけになった時に、この話を持ちかけた。

「武藤、実はメガネスーパーが新しいプロレス団体を作るんだ。新日本を辞めて、こっちに来ないか？　年俸と別に契約金もあるし、家でも車でも何でも買ってやるぞ」

さすがに武藤も驚いた様子だったが、興味はあるようで質問を返してきた。

「新しい団体って、そんなに金があるんですか？　選手は俺と桜田さんの他に誰がいるんですか？」

「選手は、これから集めていくつもりだ。メガネスーパーの田中社長がお前をほしいと言っているんだ。悪い話じゃないだろ？　一緒にやらないか？」

「確かに悪い話ではないですけど…ちょっと考えさせてくださいよ」

武藤は即答を避けたが、新しい舞台、そして高額のギャラは魅力的に映ったはずだ。

そして90年3月、武藤はＷＣＷを切り上げて凱旋帰国する時に「桜田さん、俺は決めましたよ」と電話で連絡してきた。新日本プロレスに戻るつもりはなく、メガネスーパーの新団体に合流するという。

実際に、武藤は日本に戻ってきてから田中社長の自宅を訪れ、その席で100万円の小遣いを受け取っている。これだけでも、他のプロレス団体とスケールが違うことは明らかだ。エースが決まれば、あとはそれをサポートする選手を集めていけばいい。俺はそう考えていたが、武藤の移籍にストップがかかってしまった。

武藤は新日本の事務所を訪れて、当時の社長だった坂口さんに退団の意向を伝えた。しかし、武藤は新日本のエース候補でもある。アメリカでトップを取り、これから大々的に売り出そうとしている選手を簡単に手放すはずがない。

武藤から事情を聞かされて驚いた坂口さんは、この話を白紙に戻すためにすぐに行動に出る。田中社長に「こういうことはやめてほしい」と直接電話を入れ、武藤にはもらった100万円を返すように指示した。こうして、SWSの武藤獲得は幻に終わった。

武藤がダメだったとはいえ、団体をやっていくには看板になるレスラーが必要だ。武藤にフラれた田中社長は、すぐさま次のターゲットに狙いを定めた。

「桜田さん、今度は藤波さんに声をかけてもらえませんか？」

またしても、新日本からの引き抜きだ。俺は即座に藤波選手に電話を入れた。

「おお、どうしたの？」

「今度、メガネスーパーが新団体を作ることになったんで、そのことで話があるんですよ」

「まあ、会って話を聞くのは、別に構わないけど」

藤波選手には詳しい条件などを伝えず、ひとまず会って感触を確かめようとアポ取りだけは済ませたが、こちらの話を拒否するような姿勢は感じられなかった。しかし、翌日に田中社長から再び電話が来て、事態は急変する。

「やっぱり天龍さんにしてください」

理由はよくわからないが、いきなり方向転換をして、今度は全日本のトップを引き抜くというのである。それはそれでいいのだが、藤波選手の件はどうすればいいのか。

「実は昨日の件は、いろいろあってダメになったんですよ」

「ああ、そうなんだ…」

藤波選手はこちらの事情を詮索することなく引いてくれたので、俺は返す刀で天龍とコンタクトを取り、全日本の巡業先まで市ちゃんと共に会いに行った。

天龍とはすっかり疎遠になっていたので、電話で話をしたのは久しぶりだった。突然、巡業先で会いたいと言われて天龍もさぞかし困惑したことだろう。明らかに警戒している様子だったが、俺は単刀直入に切り出した。

「新しいプロレス団体を作ることになったんだ。スポンサーはメガネスーパーだ。資金はたっぷりある。社長が新しい団体の顔として、お前の力を貸してほしいと言っている。契約金は『3本』だ。年俸はプロ野球の落合と一緒だぞ。いい話だろ」

俺は団体設立の計画を説明すると同時に、田中社長から提示された契約金と年俸も伝えた。当時、天龍が全日本からいくらもらっていたかは知らないが、日本のプロレス界では破格の条件である。

「シリーズ中だし、タイトルマッチも決まってる。今は、そういう話はしないでくれ」

巡業中ということもあって、天龍は話にはすぐに乗らなかった。しかし、後日に改めて電話がかかってきた。

「この間の話だけど、契約金の3本って3000万ということだよな？」

「何を言ってんだ。全然違うよ。3億だ、3億！」

俺がそう告げると、受話器の向こうから「えーっ!!」と驚きの声が聞こえてきた。

当時、中日ドラゴンズの落合博満の年俸が推定1億3000万円と言われ、プロ野球界では唯一の1億円プレーヤーだった。天龍の年俸はその落合と同じ1億円で、さらに契約金が3億円である。これだけの待遇を用意されて断るわけがない。天龍は全日本を退団して、SWS入りすることを決断した。

そして5月10日、田中社長と天龍はホテルオークラにてSWSの設立を正式に発表する記者会見を行った。その5日後には、俺と一緒に早くから奔走してきた市ちゃんもSWS入りを表明した。

俺はといえば、この時点ではSWSと契約を交わしておらず、立場的にはフリーのレスラーだった。だから、水面下ではSWS設立に向けて動きつつ、後輩の大仁田からオファーを受けてFMWのシリーズにも参戦していた。ちなみに、この時のリングネームはWCW時代のドラゴン・マスターだった。

4月1日の後楽園ホール大会では栗栖正伸と組んで大仁田&ターザン後藤とテキサス・ストリートファイト・マッチで対戦し、可愛い後輩2人をイスでボコボコにしてやった。これは団体を始めた大仁田と後藤への俺なりのご祝儀である。巡業中の天龍と会ったのは、この少し後のことだ。

俺は7月シリーズも参戦する予定になっていたが、SWSの旗揚げが発表されたことを受けて、FMWのフロントから「ウチのシリーズに出るなら、10月のSWS旗揚げに出てもらっては困る」と通達を受けた。この頃は各団体がSWSの動きを警戒していたようで、俺はFMWのスケジュールはキャンセルすることになった。

新横浜の仮道場をオープンした6月27日、俺はＳＷＳに正式に入団した。契約金は３０００万円、月給は２００万円だった。他のレスラーも多額の契約金を受け取ったが、これはメガネスーパーからではなく、田中社長が株で儲けた分から出された。つまり裏金である。

この時、全日本を離脱した鶴見五郎、ケガにより新日本を辞めていた片山明も同時に入団を発表したが、その件を俺は直前まで知らなかった。

以降もＳＷＳには、続々と選手が入ってくる。だが、天龍の他に俺が誘ったのはプエルトリコにいた畠中浩（現・浩旭）だけだ。ちなみに畠中の月給は、新人なのに50万円だった。

あとのレスラーは市ちゃんやジョージ&俊二（現・拳磁）の高野兄弟が声をかけたもので、いつの間にか所属選手はどんどん増えていった。ドン荒川なんていらないのに、あんな奴を呼んだことがそもそもの間違いだった。俺は日本と海外を往復していたこともあって、誰が入団するという話はほとんど耳に入ってきていなかったから、自分が知らないうちに大所帯になっていたというのがＳＷＳの印象である。

当初は、田中社長から俺にほしい選手のリクエストがあった。それに応える形で動いていたが、人が増えてくると、それぞれが勝手に動いて、誰にも相談なくレスラーを連れてきてしまう。誰かが内部をうまく仕切って、そうならないようにしていれば、本当に必要な選手だけのもう少しまとまった団体になっていたはずだ。

ＳＷＳ側が誘うだけでなく、レスラー側からの売り込みも多々あった。中には理事会で全員が反対して、リングに上げなかった選手もいた。そういう選手であっても、田中社長は契約を交わして面倒を見ていた。

剛竜馬もその一人で、みんなの反対を受けてＳＷＳのリングには一度も上がっていない。それでも田中社長は不憫に思ったのか、無償でマンションの部屋を貸していた。しかし、ＳＷＳが潰れた後も出て行こうとせず、最後は裁判になったと聞いた。

結果論になってしまうが、後先を考えずに次々と選手を入れてしまったことがＳＷＳの大きな失敗だった。とはいえ、最初に選手を何人集め、こういう形でスタートしようという具体的なビジョンがなかったのも事実だ。

ＳＷＳの理事会は、選手会長＝天龍源一郎、副会長＝ジョージ高野、管理部長＝市ちゃん、議長＝谷津嘉章、編成部長＝ザ・グレート・カブキと俺、会計＝石川敬士というメンバーだった。

マッチメーカーは高千穂さんで、当初は外国人のブッキングは俺が担当していた。これはみんなで話し合って決めたものだ。理事会には田中社長も出席していたが、基本的には「みなさんで話し合って決めてください」というスタンスだった。

これもトラブルの一因となったのだが、ＳＷＳは相撲にちなんだ部屋別制度を導入することになった。これは俺たち理事会ではなく、メガネスーパーから出てきた案である。メガネスーパーは、あえてプロレスに興味がない社員に「どういう団体がいいと思うか？」とアイディアを募った。そこで出てきた案がこれだった。

天龍が道場主を務めたレボリューションは、カブキ、石川、サムソン冬木、北原辰巳（現・光騎）、折原昌夫といった全日本プロレス出身のメンバーが中心である。ジョージ高野率いるパライストラは高野俊二、佐野直喜（巧真）、荒川ら新日本色が強いメンバーで構成されていた。

俺は市ちゃんが道場主の道場・檄に所属し、他に谷津、鶴見五郎、仲野信市、高木功（嵐）らが名を連ねた。

部屋別制度の導入は対抗意識が高まれば試合が盛り上がるという目論見もあってのことだったが、これが後に選手間の軋轢を生むことになってしまう。前述の理事会のメンバーも、それぞれの部屋から選出されたが、意見が割れると、レボリューション3人に対して檄とパライストラは4人だから、俺たちがいつも勝つことになる。ところが、田中社長の鶴の一声で決定が覆ることも多かった。

俺は理事会の席で、天龍からSWSをこうしたいという意見を聞いたことはない。他の選手もそうだが、やりたいプロレスが変わったわけではないし、単にギャラが上がったというくらいの感覚だったのかもしれない。本人には悪いが、トップの天龍に明確なビジョンがなかったのも誤算だった。

部屋別制度以外にも、SWSは新しい試みを行った。そのうちのひとつが会場の豪華な演出である。だが、俺はそんなものに何千万円もかけるのは反対だった。そんなことをしていたら、採算が合うわけがない。

しかし、田中社長は「元を取れなくてもいいんですよ」と演出にこだわった。会場の演出には博報堂が入っていたから、結構な金を払っていたはずだ。

9月29日、福井市体育館でのプレ旗揚げ戦『越前闘会始』では、松任谷由実や矢沢永吉のコンサートを手掛けるスタッフ60人が演出をバックアップした。2台のレーザー光線やスモーク、ミラーボールを駆使し、会場は華やかにショーアップされたが、それに何の意味があったのか。

俺は日本にいなかったこともあって細かいことは聞いていなかったのだが、SWSは「スポーツライクなプロレス」という訳のわからないキャッチフレーズを掲げ、独自のルールも採用していた。

その中には「レフェリーのカウントはタイムキーパーに合わせる」、「場外に出たらカウントは数えず、リングに戻す」といった堅苦しい項目があった。ただし、俺はこれまでもそうだったように、自分のプロレスをやるつもりだった。

プレ旗揚げ戦ではワンナイトトーナメントが行われ、俺もエントリーした。1回戦の仲野信市戦ではSWSのルールなどお構いなしに場外戦もやったし、イス攻撃も出した。

2回戦の高野俊二戦は、もっと派手にかましてやった。イス攻撃にチョークも繰り出し、最後はレフェリーを突き飛ばしての反則負けだ。プロレスは何でも有りだから面白いのであって、無駄に規制を作り、つまらなくする必要はない。

この福井大会を経て、10月18日&19日の横浜アリーナ2連戦でSWSは正式に旗揚げした。

旗揚げ2連戦に俺がブッキングした外国人レスラーは、ジェフ・ジャレット、ボブ・

オートン・ジュニア、ファトゥ&サベージのサモアンズなどである。俺としては日本ウケしそうで、なおかつファイトマネーの安い選手を呼んだつもりだ。日本ではパフォーマンスばかりの選手より、バチバチのファイトができる選手の方が受け入れられる。演出もそうだが、俺は団体を回していくために金のかけ方には気を遣っていた。

ところが、メガネスーパーは潤沢な資金を武器に、とにかく多方面に金をかけまくった。挙句の果てに、その年の11月にはWWFと業務提携を結ぶ。内容は2年契約で、WWF側のブッカーは向こうのオフィスに入っていた佐藤昭雄さんが担当することになった。

俺がテキサスやテネシーなどから呼んでいたレスラーはみんなギャラは安かったが、いい選手が多かったと思っている。一方、佐藤さんがブッキングするWWFのレスラーたちのギャラは、その10倍以上だ。

確かにハルク・ホーガンやランディ・サベージ、リージョン・オブ・ドゥーム(ザ・ロード・ウォリアーズ)といったWWFのトップが来たことで、SWSは東京ドームなどでビッグマッチを開催することができた。ただし、WWFには試合がヘタクソで集客もできないレスラーも多かった。さらに選手のギャラ以外に1億円とも言われる提携料もかかっているし、採算度外視もいいところだ。実際に、このＷＷＦとの提携には団体内でも反対する声が大きかった。

こうして旗揚げ当初からいろいろな問題を抱えていたＳＷＳだが、他にも絶対にクリアしなければいけない最重要事項があった。レスラー側が一番気になっていたのは、田中社長がプロレスというビジネスの仕組みを理解していなかったことだ。

ＳＷＳは旗揚げ当初、トーナメントに賞金が出ていた。田中社長は何も知らないで賞金を出していたわけだから、我々の中には申し訳ないという気持ちがあった。

俺は最初に都内のホテルで会った時から、田中社長がプロレスをよく理解していないことはわかっていた。旗揚げ前に伝えるべきだったのではないかという考えもあるかもしれない。しかし、プロレスビジネスの仕組みを知って、旗揚げ前に田中社長が団体から手を引くと言い出したら、それはそれで大問題だ。多くの選手は、所属していた団体と喧嘩別れするような形でＳＷＳに来ている。だから、レスラーサイドで話し合って、団体が動き始めてから田中社長には説明しようということになった。

旗揚げ後も理事会では、この件がたびたび議題に上がった。

「社長にちゃんとプロレスをわかってもらった方がいいだろう」

「言わなくてもいいんじゃないか。どうせわかりっこないよ」

「バレたら、どうするんだよ」

「教えるなら、少しでも早い方がいい」

そんな問答を繰り返した末、やはり早めに伝えた方がいいというのが俺たちが出した結論だった。

では、誰が田中社長にその話をするのか。そうなると、旗揚げ前から相談に乗っていた俺か市ちゃんしかいない。しかし、市ちゃんは典型的なイエスマンで、田中社長の前では「はい」としか言わなかった。とてもこんな大事な話ができるタイプではない。

結局、この役目も俺が担当することになった。旗揚げ翌年の91年1月、ＳＷＳはマスコミも招待してハワイ合宿を行った。この時、現地に向かう飛行機の中で俺は田中社長に切り出した
「社長、なるべく早く伝えないといけないと思っていたのですが、プロレスは他の格闘技とは違うんです」

俺がプロレスビジネスの仕組みを具体的に説明すると、「そうだったんですか⁉」と最初は驚いた様子だった。しかし、最後は「そういうことなら、わかりました」と怒り

出すこともなく、普段と同じ口調でそう言ってくれた。

どうやら、プロレスから手を引くという気持ちにはならなかったようだった。それどころか高千穂さんは反対したのだが、帰りの便は若手のレスラーの席をエコノミーからビジネスクラスに変更したくらいである。

数々の問題はありつつも、ＳＷＳが夢のある団体だったことは事実だ。91年9月に新百合ヶ丘にできた合宿所兼道場は、他の団体では絶対に真似できない規模だった。

地下1階、地上3階で、敷地面積は４００平方メートル。総工費は7億円である。この時はトレーニングの音がうるさいと苦情があったので、田中社長はその周辺の土地をまとめて買ってしまった。普通では考えられない金の使い方だ。

1階はリングのあるトレーニングジムで、2階は各種器具を装備したトレーニングルームと食堂、休憩室、ミーティングルーム。3階が合宿所で、個室が4部屋と10人収容の大部屋が一つあった。地下は乾燥機も完備したランドリーである。これだけ豪華な施設があったのだから、選手はもっとプロレスに真剣に取り組むべきだった。

俺は旗揚げ後も日本と海外を行き来していたが、飛行機代もメガネスーパーが用意してくれた。当時はテキサス、テネシー、そしてプエルトリコにも行っていて、日本に戻ってくると、帰国便がわかっているからリムジンのお迎えが来る。さらに日本に滞在している時は、メガネスーパー所有のマンションを使わせてもらった。

ギャラに関しても、海外に出て自分で稼いでいようが、毎月25日にはきっちりと給料の200万円が振り込まれる。ＳＷＳは、レスラーにとって本当に夢のような団体だった。

だが、鶴見だけは相変わらずだった。選手たちは新幹線で移動する時にグリーン車を使っていたが、それを払い戻して安い席に移り、差額を浮かせていたのだ。自由席の方には営業の人間などが乗っていたので、そのことが会社にバレて怒られていたが、倹約ぶりもここまで徹底しているとアッパレと言うしかない。

第17章　99億円の資金をつぎ込んだ金権団体が崩壊

ＳＷＳは次々とレスラーを他団体から引き抜いたことで、「金権プロレス」と週刊プロレスから大バッシングを受けた。前の章でも触れているように、金の使い方が半端なかったことは事実だし、後から次々と入ってきた選手に関しては金目当てと叩かれても仕方ない部分はあったかもしれない。

俺自身は「金権プロレス」と揶揄されようが、何とも思わなかった。ギャラの額は、プロとしての評価だ。俺はしっかりと自分の仕事をして、それに見合った金がもらえれば、それで良かった。

給料の２００万円は、月にたった5試合程度しかしていなくても入っている。団体の経営を考えれば、月に5大会では売上げが当然足りない。それでもＳＷＳの興行数は増えなかった。それには理由がある。プロレス団体では当たり前だった「売り興行」ができなかったからだ。

売り興行とは、地方のプロモーターが団体側から興行権を買って行う大会のことだ。

たとえば、ある団体の興行をプロモーターが３００万円で買うとする。団体側にはその３００万円が丸々入り、交通費や宿泊費も主催者持ちだから、リスクがない。

その一方で金を払うプロモーター側はタイトルマッチを組んでほしいなどと要望を出したりして、チケットを売る努力をする。興行権を買った金額と諸経費以上のチケット代を売上げれば、その差額が儲けになるのだ。

あの頃は、新日本や全日本も地方は売り興行が当たり前だった。ところが、ＳＷＳは前述のように会場のセットにも金がかかっていたし、ＷＷＦから来る選手のギャラも高かったために興行の値段自体が既存の団体と比べ物にならないくらい高く、地方のプロモーターに買ってもらうことは不可能だった。

ただし、会社自体がいくら損しても構わないというスタンスだったから、興行で利益が出なくてもまったく問題にならなかったし、マスコミのバッシングも宣伝と考えていたようだ。ネガティブな話題であっても、「メガネスーパー」という名前が誌面に出ることは、それだけで大きな宣伝効果がある。どんな形であれ、名前が露出すればメガネスーパー側はそれで良かったのだ。

通常、プロレス団体がおかしくなるのは金銭面の問題が原因になることが多いが、Ｓ

WSはレスラー同士の人間関係で揉めに揉めた。部屋別制度を導入したことで最初からギクシャクした空気はあったものの、何とか大きな問題にはならずに踏みとどまっていた。そこに北尾光司というトラブルメーカーが入ってきた。

元横綱・双羽黒の北尾は、立浪部屋出身である。つまり俺の後輩だ。北尾は部屋でトラブルを起こして廃業し、プロレス界に来た。実は彼がプロレスラーに転向する際、国際プロレスのレフェリーだった遠藤光男さんから俺のもとに「北尾がプロレスをやることになったから教えてほしい」と依頼があった。

俺としては断わる理由はないので、すぐに承諾した。しかし、翌日に遠藤さんから再び電話がかかってきた。

「北尾が〝桜田さんは立浪部屋の先輩だから、嫌だ〟と言っているんですよ」

理解に苦しむ反応だ。本気でプロレスをやる気があるなら、そんなことを理由に断ったりはしないだろう。このエピソードからも北尾のプロレスに対するスタンスがわかる。

その後、北尾が誰にプロレスを教わったのかは知らないが、1990年2月に新日本プロレスのリングでデビューした。しかし、しばらくして現場を仕切っていた長州と揉めたようで、SWSに流れてくる。相撲繋がりということもあり、彼は天龍のレボリューションに所属することになった。

俺は北尾とはちゃんと話をしたことがないので、彼がどんな人間かはよくわからない。会場で会っても挨拶するくらいで、それ以外の会話はなかった。しかし、相撲でも新日本でも揉めたように、トラブルメーカーであることは疑いようがない。そして、当然のようにSWSでも問題を起こす。

91年4月1日、神戸ワールド記念ホールで北尾はジョン・テンタと対戦したが、試合を一方的に放棄し、反則負けになると、テンタに向かって「この八百長野郎！」と暴言を吐いた。

この時、北尾を焚きつけたのはドン荒川だと言われているが、こいつも調子のいい奴だった。あっちこっちに自分の都合のいいことばかり吹き込んで、トラブルを誘発する。田中社長にも「今度、長嶋茂雄を紹介しますよ！」などと調子のいいことを言ってゴマ擦りばかりしていた。

この神戸大会の時も、荒川が「カブキが横綱のことを潰そうとしている」と吹き込んだことで北尾の様子がおかしくなったという。要はマッチメーカーの高千穂さんがテンタを使って、北尾を懲らしめようとしているというのだ。

それを信じ込んだ北尾は仕掛けられるかもしれないと疑心暗鬼になり、目潰しをするような仕草でテンタを挑発したりして、試合中もまったく組み合おうとしなかった。

この北尾の事件により、団体内で道場主の天龍とマッチメーカーの高千穂さんの責任を追及する声が上がり、2人は辞意を表明したが、田中社長がこれを固辞した。北尾を解雇して、天龍と高千穂さんを取ったのだ。

この事件をきっかけに派閥間の対立が表面化するのは良くないということで、その後は天龍とジョージがタッグを組むなど部屋の枠を超えたカードが組まれるようになった。そんなやり方で関係の改善をはかったものの、状況は一向に変わらず、むしろ悪化していく。

7月には田中社長が社長職を降りてオーナーとなり、代わって天龍が新社長になった。俺の知人で田中社長の株を操作していた証券マンに社長を任せる話が出たこともあったが、その人は稼いでいたから、「そんな給料じゃ、やれない」と断ったようだ。

この直後、天龍の全日本時代のパートナーであり、俺がカルガリーで面倒を見たこともある阿修羅・原が入団してくる。その結果、SWSは天龍色がより濃くなり、反天龍派との対立は余計に激しくなっていった。

俺は天龍を誘った身であり、高千穂さんは日プロ時代からの先輩ということもあって、新日本出身の高野兄弟や谷津とは少し考え方が違った。とはいえ、所属は道場・檄である。だから、天龍派と反天龍派の板挟みになっているような立ち位置だったかもしれない。

内部はこんな状態でも、ＳＷＳは91年に2回も東京ドーム大会を開催している。さらに前年のＷＷＦに続き、メキシコのＥＭＬＬ（現ＣＭＬＬ）と提携するなどリング上の話題には事欠かなかった。

実はＥＭＬＬとは俺が話をつけた。表向きには業務提携と発表したが、あれは当時ＥＭＬＬに所属していたウルティモ・ドラゴンをＳＷＳに呼ぶためにパートナーシップを結んだような写真をマスコミ向けに撮らせただけの話だ。ＷＷＦとの契約のように、団体間で提携を結んだら余計な金がかかってしまう。

このＳＷＳ時代、俺はメキシコのリングにも頻繁に上がった。ルチャ・リブレのスタイルとはまったくタイプの違う俺になぜオファーが来たのかというと、おそらくプエルトリコの試合をメキシコのブッカーが見ていて、お呼びがかかったのだろう。ギャラは週１０００ドルで、飛行機代も全部払うというオファーがＥＭＬＬから来た。

ＥＭＬＬは本拠地のアレナ・メヒコをはじめ、同じ日に5ヵ所くらいで興行をやっていた。この国はレスラーの数が異常に多い。ただし、メキシコシティで試合ができる選手は一握りだ。

メキシコはカルガリー以上に高地だから、空気が薄くて最初に試合をした時は息が苦しかった。次の日、テレビで放送された自分の試合を見たら、実際に全然動けていなかった。

メキシコのリングは、柔らかくて大きいのが特徴だ。ルチャ・リブレの国とはいえ、俺は普段のスタイルを貫いた。熱狂的なお客が多く、反応もいいから試合はやりやすい環境だった。

第2章でも少し触れたように日本やアメリカと違ってメキシコはロックアップの時の組み方が逆で、右手で相手の首を取る。だから、最初はその部分はやりづらかった。

なぜ日本やアメリカが左組みなのか理由はわからないが、基本的にプロレスは右利き用にできている。フォアアームやチョップを打ち合う時も右から打つのがセオリーだ。ハーリー・レイスもテリー・ファンクも天龍もプライベートでは左利きなのだが、彼らもリング上では右利き用のプロレスにしっかり対応していた。

話をＳＷＳに戻そう。俺はメキシコのリングにも上がっていたから、良さそうだなと思った選手に個人的に声をかけて、日本に呼んでいた。ＳＷＳに来日したアトランティスやエル・サタニコは向こうのトップだったが、彼らは個人契約だったから１０００ドルでブッキングすることができた。

ＳＷＳが旗揚げしてからも、相変わらず俺は海外での生活も楽しんでいた。そして、日本に戻ってくるたびに団体内の空気がどんどん悪くなっていくのを感じていた。結局、天龍派と反天龍派の確執は修復不可能なところまで行き、92年になると、それが爆発してしまう。

5月14日、選手会長の谷津がマスコミに向けて、天龍に社長辞任を要求したことを通知するリリースを流した。俺はシリーズ開幕直前まで海外にいたため、詳しい経緯はわからない。この時、反天龍派のメンバーが試合のボイコットも辞さない姿勢だったことを後に知った。

こうした背景があったため、5月18日から天龍の地元の勝山市営体育館で開幕した新シリーズ『宣戦布告』は、レボリューション、ＷＷＦとパライストラ＆道場・檄のメンバーは絡まない変則的なマッチメークだった。ただし、俺はボイコットの話をよく知らなかったため、その開幕戦でWWFから来たキング・ハク&ザ・バーザーカー（ビッグ・ジョン・ノード）と組んで、天龍&原&石川と対戦している。道場・檄のメンバーの中で俺だけがレボリューションやWWFと絡んでいたのは、そういう理由からだ。

この日は、退団を示唆していた谷津も「辞めるとは言っていない」と来場した。そして、高野兄弟、佐野、維新力、新倉史祐、荒川、アポロ菅原、畠中らの連名による「谷津嘉章選手復帰嘆願書」が公開され、結局、谷津は大矢健一（剛功）とシングルマッチを行った。俺はこの嘆願書の存在も知らなかったから、サインもしていない。

翌19日の富山市体育館大会は、檄vsパライストラの10人タッグマッチが組まれた。檄側は俺、谷津、仲野、菅原、畠中の5人で、パライストラ側は高野兄弟、佐野、大矢、新倉というメンバーだった。試合後には10人で円陣を組み、バンザイをしたが、これはパライストラ&檄の結束のアピールだったらしい。しかし、俺自身は天龍と敵対しているつもりはまったくなかった。

そして、シリーズ最終戦となる22日の後楽園ホール大会で谷津と仲野が辞めると言い出した。選手会長だった谷津は「今回の件は、すべての責任は自分にある」とコメントし、退団するだけでなくプロレスを引退するという。結局、これで反天龍派のクーデターは収束したが、ＳＷＳは分裂という形で幕を閉じる。
今にして思えば、みんなワガママすぎた。簡単に言えば、あれだけお金をもらってい
ながら、プロに撤することができなかったのだ。荒川が北尾を焚きつけた件もそうだが、
ＳＷＳはレスラーが自分たちで壊してしまった。
「当初の計画通り、最初に武藤を引き入れることができていたら…」
たられぱの話をしても仕方ないのは、わかっている。ただ、ＳＷＳを振り返ると、今
でも俺はそう思ってしまう。
元々、田中社長もそれが希望だったわけで、若くてスター性のある武藤が来ていたら
全然違った団体になっていただろう。実際に集まったメンバーを見れば、エースは天龍
しかいなかったと思うが、それに納得しない連中もいて、結果的に部屋別制度はいい方
向に転がらなかった。
シリーズ終了後の5月25日、田中社長と天龍、ジョージ、鶴見が同席してＳＷＳの解
散が発表された。天龍派と反天龍派がどうしても一緒にやっていけないというならば、
決まっていた6月シリーズを最後にＳＷＳは2派に分かれ、それぞれが独立して団体を
運営していく。そして、メガネスーパーはそれぞれをスポンサーとして支援する。そう

いう結論に達したのだ。

結局、SWSは2年間で99億円も使った。選手のギャラが高く、興行にも金がかかっていたし、新百合ヶ丘に加えてサイパンや伊豆大島にも合宿所があった。俺はどちらの合宿所にも行ったことがないし、どう考えても効果的に利用されていなかった。団体が分裂して残ったのは、こうした不動産だけだった。

解散する時は「レスラー側の契約違反」ということで、選手たちは契約金の半分を田中社長に返すことになった。この時、「契約金？ 俺はそんなものはもらっていない」と鶴見が言い出した。鶴見は誰かに誘われたわけではなく、市ちゃんに自分から頼んでSWSに入ってきたので、契約金をもらっていなかったのだ。

だが、他の選手は全員が多額の契約金を受け取っていた。俺は3000万円の契約金をもらっていたから、半額の1500万円をきちんと返すつもりでいた。ところが、返金を申し出ると、田中社長は「桜田さんは大丈夫です」と旗揚げ前から尽力した俺に気を遣ってくれた。さらに辞める時には、「ここに3000万円あります。何かに使ってください」と逆に手渡された。

俺はアメリカに家があったので、もう日本で団体運営には関わりたくなかった。SW

Ｓ旗揚げ以前のように、フリーとして海外で自由に暴れ回る方が性に合っている。

ただ、俺は一人でもこの業界で仕事をしていけるが、そうではない選手もたくさんいた。そんな選手やスタッフから「桜田さん、やってください」と頼まれたら無下に断るわけにもいかない。

結局、俺は自分で事務所を借りて、道場も探し、ＮＯＷ（ネットワーク・オブ・レスリング）という新団体をスタートさせることになった。

第18章　一生忘れることのできない悲しい事故

俺はメガネスーパーの田中社長からもらった3000万円を資金として、自らが社長になりNOWを運営していくことになった。田中社長からは「足りない時は教えてくれれば、いつでも入金します」と、ありがたい言葉をもらっていた。

NOWは1992年8月9日、後楽園ホールでプレ旗揚げ戦『THE PRELUDE』を開催し、超満員札止めとなる2000人の観客が集まった。しかし、要はSWSから天龍らレボリューションのメンバーや谷津、仲野、さらにWWF勢を抜いた布陣である。これはかなり厳しかったと言わざるを得ない。

プレ旗揚げ戦のメインは俺と大矢が組んで高野兄弟と対戦したが、この試合に上田馬之助さんが乱入した。上田さんは日プロ時代からの付き合いだが、ブッキングしたのは俺ではない。フロントが俊二と上田さんの抗争をNOWの軸にしようと考えて呼んできたのだ。

NOWを旗揚げしてからも俺は日本とアメリカを行き来していたため、会社のことはプロレス記者からＳＷＳのスタッフになり、そのままＮＯＷの広報を務めていた倉森俊之に任せていた。

とはいっても、実際は任せられないことだらけだった。彼から電話がかかってくると、用件はいつも金がないという話ばかりだ。

「桜田さん、お金がなくて、みんなの給料が払えません」

「田中社長に入金してもらうように電話しろよ」

すると、彼は気が小さいから「私にはできません」と泣き言を口にする。仕方ないから、わざわざアメリカから俺が「社長、振り込んでください」と国際電話を入れていた。

今になって振り返ると、ＮＯＷが失敗した理由のひとつはギャラの問題だ。今のインディーの興行のように1試合いくらでギャラを払うだけなら何とかなったかもしれないが、ＳＷＳに倣って給料制にしたのが良くなかった。田中社長にもらった３０００万円がなくなってからは俺が自分で払っていたから、それだけで２０００万円ぐらいは使ったはずである。

外国人のブッキングも、もちろん俺の仕事だった。フロリダで一緒だったトンパチのマニー・フェルナンデスも呼んだし、後にＷＣＷやＷＷＦでオーバーしたブッカー・Ｔ

と彼の実兄スティービー・レイのブラック・ボンバーズ、ＪＢＬ（ジョン・ブラッド・レイフィールド＝ビッグ・ジョニー・ホーク）が初来日したのはＮＯＷだ。この時も俺が自分の目で見て、いいと思った選手を比較的安いギャラでブッキングしていた。

会社経営は初めての経験だったが、英語ができる女房に書類を作ってもらったり、自分が海外で生き抜いてきた中で学んだことを駆使して、何とか社長兼ブッカーとしての業務はこなせたとは思っている。たとえば外国人レスラーにはパスポートを送ってもらい、日本の大使館でスタンプを押してもらってから飛行機のチケットと一緒に送り返す。観光ビザで入って捕まると大変なことになるから、俺は就労ビザの手続きもきちんとやった。

しかし、団体を運営していると、予期しないことも起こる。最初のシリーズは関東近郊で全９戦を組むことができたが、いきなりＳＷＳとの契約問題がクリアされていないとして高野兄弟が離脱してしまった。彼らは後にＰＷＣ（プロ・レスリング・クルセイダーズ）を旗揚げし、ＳＷＳは３派に分かれる形になった。

当初は俊二をプッシュする予定だったが、高野兄弟がいなくなったことでリング上のストーリーは早くも方向転換を余儀なくされた。そこで俺は力士出身で少しだけネームバリューのあった維新力をプッシュし、上田さんとの抗争をメインにすることにした。しかし、これはうまく転がらなかった。

維新力には改めてプロレスの基礎を教えたのだが、あまり器用ではなく、覚えも悪かった。彼は元々プロレスファンだったから、頭の中には自分が理想とするプロレスラーのイメージがある。しかし、実際にやろうとすると、身体が思うように動かない。俺の目には、イメージと自分の動きのギャップに戸惑っているように見えた。

受け身を怖がるのもプロレスラーとしてマイナスだった。受け身の練習をさせると、

「いやあ、できないです」と嫌がるのだ。

「やってみないと、わからないだろ。まずは取ってみろ」

そう促しても、怖がって身体を丸めてしまう。身体に力が入りすぎているから、不細工な受け身になってしまうのだ。いくらエースとしてプッシュしようとしても、本人がこんな調子では限界がある。

外国人レスラーに関しては、上田さんがタイガー・ジェット・シン親子を連れてきた。シンはギャラが高いから、俺は反対だった。もはやシンを呼んだからといって客足が急激に伸びる時代でもなく、安くて日本ウケしそうな選手たちを呼んで、人気者に育てて

いった方がいい。しかし、上田さんは「ギャラは俺が払うから、呼んでくれ」と譲らなかった。

だが、当時の上田さんにシン親子のギャラを払う金なんてあるわけがなかった。結局、俺と共通の知人から1000万近い金を借りて、ギャラと渡航費に充てていた。しかも、それを返さないまま上田さんが亡くなってしまった。そうなると、「上田に貸した金を返してくれ」と俺が言われてしまうハメになる。一人で海外を転戦していた時にはなかった苦労が会社経営にはあった。

上田さんの代名詞は竹刀だが、NOWでは出刃包丁を武器にしていた。あれは上田さん自身のアイディアである。さすがに俺はやりすぎだと思ったが、社長だからといって先輩に対しては、なかなかノーとは言いづらいものがあった。

NOWは旗揚げから軌道に乗れないまま、12月11日に大田区体育館で初のビッグマッチを迎える。この時、上田さんは維新力とシングルを行ったのだが、なぜかミル・マスカラスのマスクを被った『馬カラス』として登場した。これも上田さん自身のアイディアだ。俺の頭では、どんな狙いがあったのかはわからない。何とかNOWを盛り上げようという気持ちがあったことは間違いないが、何をやってもうまくいかない時はあるものだ。

こうした金銭面のことやリング上のことよりも俺にとって大きなダメージとなったのは、ＮＯＷでデビューした新人の直井敏光の事故だ。

直井は分裂寸前のＳＷＳに入門し、ＮＯＷに参加して92年10月にデビューしたばかりだった。彼は一般企業に勤めていた経験があり、あの時代にワープロを使えたので経理も担当していた。オーストラリアへ留学したこともあったから、英語で外国人レスラーともコミュニケーションが取れた。

選手としての期待も大きかった。学生時代には、パワーリフティングの全日本学生選手権で準優勝に輝いている。彼は間違いなくＮＯＷの未来を担う人材だった。

悲劇が起こったのは、93年になってすぐのことだ。1月7日、新春シリーズとなる『バトル・ダッシュ』の最終戦を福井県鯖江市総合体育館で無事に終えた俺たちは、そのまま福井市内で一泊した。

翌8日、直井と川畑輝（輝鎮）がリング機材を積んだ4トントラックを運転して東京に帰ることになった。本来は営業のスタッフが運転するはずだったが、次の営業の場所には福井から直接行った方が近く、俺は「誰か代わりにトラックで東京まで帰ってくれませんか？」と営業担当から相談を受けていた。そこで俺が直井に「代わりに運転していってくれ」と頼んだのだ。このことは、悔やんでも悔やみきれない。

午前10時55分頃、直井と川畑が乗ったトラックは福井県敦賀市の北陸自動車道上り線を走行中に、道路右側のコンクリートの壁に衝突して横転した。

直井は車外に放り出され、福井県武生市内の林病院に運ばれたものの、午後12時40分頃に頭蓋骨骨折で亡くなった。まだ26歳という若さだった。

俺は飛行機で先に東京に戻っていたが、事故の連絡を受け、すぐに福井に向かった。病室に着くと、そこには包帯をグルグル巻きにされた直井の姿があった。川畑も命に別状はなかったものの、重傷を負った。

「俺があんなことを言わなければ…」

保険金の３０００万円は、すべて御両親に渡した。俺自身、借金を背負っていたが、自分の中では金銭的にできる限りのことはしたつもりだ。

事故から10年間、命日の1月８日には毎年、直井のお墓参りをした。最後は、御両親から「桜田さん、もういいですから」とお許しの言葉をもらった。葬儀の時に俺は「直井選手はＮＯＷの永遠の一員です」と言ったが、今まで彼のことは一度も忘れたことはない。

ＮＯＷは、旗揚げした時から苦戦続きだった。とはいえ、リング上の苦しさなら耐えることはできる。しかし、直井の死は俺の中であまりにも重く、精神的にかなり落ちてしまった。

直井の事故から1ヵ月後、2月14日に後楽園ホールで彼の追悼興行を開催した。この日は、全日本時代の後輩である大仁田が友情参戦してくれた。カードは俺と組んで、相手は上田さんと鶴見五郎である。パイルドライバーで鶴見を仕留めた試合後、俺はセコンドとして来場していたターザン後藤に一発食らわせ、味方の大仁田にもイスで一撃を加えた。これはＦＭＷとの抗争への布石となるはずだった。

しかし、その3日後に大仁田が扁桃炎で緊急入院してしまう。さらに敗血症性ショックとなり、一時は命を危ぶまれるほどだった。ＦＭＷはエースの大仁田の戦線離脱で対抗戦どころではなくなり、抗争プランはそのまま立ち消えとなってしまった。

ＮＯＷは同年10月3日、白里海岸サンビーチパーキング大会がラスト興行となる。田中社長からもらった3000万円はすべて使い果たし、借金して集めた金が2000～3000万円くらいか。この資金も、あっという間に底をついた。選手やスタッフには毎月決まった額の給料を払い、事務所や道場の維持費もある。さらに外国人の渡航費やギャラも払えば、３０００万円なんてすぐになくなってしまうものだ。

正直、俺は人が良すぎたのかもしれない。田中社長からもらった３０００万円には手をつけず、フリーとして国内外を転戦していれば、こんなことにはならなかった。海外でも上がるリングはあったし、日本でも1試合で20万円以上のギャラを取っていた。

ＳＷＳの崩壊で行き場を失った選手やスタッフに頼まれて団体を始めたまでは良かったが、最終的には多額の借金を背負うことになってしまった。返済には3年ほどかかり、それによる消耗も大きかった。

その後、ＳＷＳからＮＯＷに来た登坂栄児を代表として、94年2月26日に後楽園ホールで新生ＮＯＷが旗揚げされる。俺の他にも上田さんやシン親子らが参加したが、長続きしないであろうことは最初から予想できた。ＮＯＷでうまくいかなかったメンバーが集まったのだから、結果は同じだ。

この新生ＮＯＷ時代には天龍から誘いを受けて、ＷＡＲのリングにも上がるようになった。ＳＷＳ分裂時に天龍と袂を分かつ形になったが、個人的に揉めたわけではない。たまたま派閥対立の中で反対の立場になっていただけだから、わだかまりはまったくなかった。

俺は6月6日の後楽園ホール大会で、WARに初参戦した。この日の対戦相手は平井伸和だったが、それよりもまずNOWからそそくさと出ていった維新力にお灸をすえないといけない。維新力はプッシュされていたにもかかわらず、前年9月にNOWを退団し、WARに入団していた。入場時にその姿を見つけたから、取っ捕まえてパイルドライバーをかましてやった。WARに対する挨拶代わりの一発である。

NOW時代に団体経営に頭を悩ます日々が続いていた俺にとって、自由に暴れられるWARは最高の環境だった。この頃は消火器をぶち撒けるパフォーマンスで話題になり、〝消化鬼〟なんて呼ばれていた。

この消火器攻撃は、見た目より大変だった。あの白い粉は一度噴き出すと止まらないから、仕掛けた俺も息ができなくなる。さらに粉が口に入ってくるし、好き勝手にぶち撒けているように見えて俺自身もひどい目に遭っていたのだ。

WARで天龍たちとバチバチやり合っている中、新生NOWは旗揚げから8カ月後の10月27日、八王子マルチパーパスプラザ大会を最後に活動休止となった。

俺はNOWの失敗もあったし、この頃はプロレス自体を辞めることも考えていた。そんな時、WARの営業部長だったグレート小鹿さんから誘いを受けた。

「おう、桜田、新しい団体をやろうじゃないか。俺が団体を作るから、協力してくれ」

いや、もう団体運営に関わるのはこりごりだ。しかし、小鹿さんは日プロ時代からの先輩であり、WARの巡業中もよく一緒に飲みに行く仲だった。

「俺が団体を作る」と言っているから、代表は小鹿さんだ。それなら俺自身はレスラーに専念できるかもしれない。そんな甘い考えで、力を貸すことにした。

団体を旗揚げするには、資金が必要だ。NOWの時は田中社長からもらった3000万円があった。しかし、この頃の俺は貯金はなく、むしろ借金を抱えていた。出せる金なんて一銭もない。そこで資金を確保するために小鹿さんと一緒に知り合いを訪ねて、2000万円を貸してほしいと頼みこんだ。

普通に考えて、この先どうなるかわからないプロレス団体に気前良く2000万円も貸してくれる人なんていない。それでも「1000万までなら」という返事をもらえた。

さらに別の知人から1000万円を借りて、12月21日、横浜市都筑区に大日本プロレスの道場兼仮事務所をオープンさせた。立ち上げメンバーは社長が小鹿さんで、営業は登坂、所属選手は俺と谷口裕一の2人だけである。今考えれば、よくこのメンバーで旗揚げしようと思ったものだ。

WARでの仕事は95年1月シリーズで終わり、大日本プロレスは3月に旗揚げすることになった。この時は選手がいなかったため、IWAジャパンから中牧昭二、田尻義博（TAJIRI）、東京プロレスから石川隆士、川畑輝、山川征二（竜司）、SPWFから谷津嘉章、高木功、真FMWからターザン後藤、ミスター雁之助などを招聘した。所属選手をたくさん抱えることはできないから、1試合いくらのギャラでレスラーを集めながら興行をしようというのが社長の小鹿さんの考えだった。

俺はこの大日本プロレスで小鹿さんの思いつきに振り回されることになるのだが、旗揚げ前後に週刊プロレスの編集長だったターザン山本氏を交えて食事をしたことがある。その時、小鹿さんは「大日本のことを良く書いてくれよ」と山本氏に金を渡した。

「おい、おい…」

心の中でそう思いながら、俺は黙ってその光景を横目で見ているしかなかった。渡す方も渡す方だが、もらう方ももらう方だ。山本氏は馬場さんに金をもらってSWSをバッシングしていたそうだが、今度はそれと同じようなことをやる側になってしまい、バツが悪かったことを憶えている。

第19章　47歳の誕生日にバーリ・トゥードに挑戦

１９９５年3月16日、横浜文化体育館での旗揚げ戦ではメインで俺と中牧が組み、ジ・アイスマン&ロン・パワーとバラ線パーフェクト・フォールマッチで対戦した。当時、ＦＭＷやＩＷＡジャパンがデスマッチで支持を集めていたこともあり、当初は大日本プロレスも独自のデスマッチ路線を行くというのが小鹿さんの考えだった。

ところが、旗揚げから1ヵ月後に小鹿さんの思考は予想外の方向に飛んでいく。4月20日、俺と小鹿さんは日本武道館で開催された『バーリ・トゥード・ジャパン・オープン １９９５』を視察した。この大会には「４００戦無敗」と呼ばれたヒクソン・グレイシーが出場し、彼が優勝した。すると、小鹿さんは突如として「打倒ヒクソン」をぶち上げ、バーリ・トゥード路線を打ち出したのだ。

小鹿さんは9月10日に北海道で開催予定の『バーリ・トゥード・ジャパン・オープン』にケンドー・ナガサキを出場させると発表したが、俺には直接そういう話はなかった。結局、この大会は後日中止となった。

俺としては、やるのは構わない。ただ、小鹿さんは自分は何もやらないのに、その場の思いつきで走り出してしまうから困ってしまう。

話は前後するが、日本にレスリングベアを呼ぶという話もあった。プロレスをする熊がアトランタにいて、俺も以前に口輪をつけて試合をする光景を見たことがある。小鹿さんはこの熊を日本に呼んで、俺と戦わせるというのだ。

「小鹿さんが自分でやるんじゃないの？」

「いや、お前とやらせるから、向こうへ行って実際に見てきてくれ」

何ともいい加減なものだが、俺は言われるままアトランタまで視察に行った。結局、動物愛護団体からの反対があって熊をリングに上げる計画は消滅したが、小鹿さんは思いつきで俺にばかりヘンなことをやらせようとするのだ。

そうした空気の中で、俺は小鹿さんのバーリ・トゥード路線に乗せられてしまう。あまり格闘技界の事情には詳しくなかったが、グレイシー一族の名前は雑誌で見て俺も知っていた。

そのグレイシー一族の中でも最強と呼ばれていたヒクソンは、94年12月に道場破りを敢行したＵＷＦインターナショナルの安生洋二を返り討ちにしており、打倒ヒクソンはプロレスラーのみならず日本格闘技界の悲願となっていた。

デスマッチ路線の大日本が突如として打倒ヒクソンを掲げたことは、プロレス界でもちょっとした話題となった。小鹿さんは自分がやるわけではないから、気楽なものだ。

当時、ヒクソンを招聘していたのは初代タイガーマスクの佐山聡が主宰する日本プロシューティングで、俺は9月26日に彼らが開催する『バーリ・トゥード・パーセプション』という大会に出場することになった。

その前に、前哨戦的な意味合いで大日本のリングでもバーリ・トゥード・マッチを行った。小鹿さんが集客を狙って考えたのだろう。

9月13日、露橋スポーツセンター大会のメインで、リング内に金網が設置された。ルールは、『バーリ・トゥード・ジャパン・オープン』と同じく1R8分の時間無制限。俺はオープンフィンガーグローブを着用し、USA大山カラテ・オランダ支部に所属するニコ・ゴルドーと対戦した。彼は日本でも有名なジェラルド・ゴルドーの兄である。

この一戦は大日本のリングで行われたものだから、プロレスの範疇の試合だ。相手のパンチを結構食らってしまったが、この時は多少もらっても大丈夫という気持ちがあった。後になって思えば、こういう考えが良くなかったのかもしれない。

大日本プロレス時代には、社長のグレート小鹿さんに乗せられてバーリ・トゥード路線に打って出た。写真はニコ・ゴルドー戦。

バーリ・トゥードへの出場が決まってからはボクシングの練習も始め、横浜の花形ジムで元WBA世界フライ級王者の花形進氏の指導を受けた。ただ、どうしても相手の攻撃は正面で受けるというプロレスの癖が染みついているために、パンチを避ける動作はなかなか覚えるのが難しい。打撃云々よりも、相手を捕まえてしまえば、こっちのものという思いもあった。

そして、迎えた9月26日。この日は、俺の47歳の誕生日だった。

駒沢オリンピック公園体育館で開催された『バーリ・トゥード・パーセプション』で、俺は第2試合の出場だ。対戦相手は第1回UFCにも出場したUSAケンポー・カラテのジーン・フレジャーで、打撃技を得意とする選手だった。

とにかく捕まえて倒し、関節技を極める――。俺の狙いは、それだけだった。ところが、勝負はそこまで甘くなかった。

フレジャーを捕まえに行ったところで左フックを食らい、俺はいきなりダウンしてしまった。何とか立ち上がって再び捕まえに行ったが、再び一発いいのを食らってKO負けとなる。最大の敗因は、甘く見ていたことだ。

対戦相手の予備知識もなかったし、正直ルールが違っても何ということはないと思っていた。しかも大会の8日前まで普通に大日本のシリーズに参加して、イスで殴り合うような試合をしていた。

本来なら、もっとこの一戦に向けた準備を集中的にするべきだったのだろう。「もう少し若い時だったら…」という思いもある。こういう試合をするなら、30代半ばの頃にやりたかった。

もちろん、俺の中では負けたままでは終われないという気持ちもあった。12月29日の後楽園ホール大会では元オランダ極真空手王者のマドゥーロという選手とのバーリ・トゥード・ケージマッチが決定し、打倒ヒクソン路線は続くものだと思っていたから、10月に俺は若手だった山川と一緒にブラジルへ練習に行った。

俺が通ったのは、首都リオデジャネイロにあるアカデミア・ブドーカンという道場である。練習は1日に2~3時間で、グラウンドの極めっこにほとんどの時間を割く。技術的には日プロで教わった技とは、それほど変わらない。知らない技は、あまりなかったように思う。

ただ、寝技が強い奴はたくさんいた。グラウンドのスパーリングでは、足を腕に絡めてきて極められることが多々あった。バーリ・トゥードで北尾にも勝っているペドロ・

オタービオも、この道場にいた。スパーリングをやったが、彼も強かった。

この時は俺たち以外にも、日本から格闘家の平直行が練習に来ていた。日本からは新聞記者も取材に来ていたが、ブラジルは治安が悪いから、みんな怖がっていた。

実際、着いた日に泥棒が警官に撃たれたという話を聞いた。ブラジルの警察官は、拳銃を2丁以上所持している。何か起きた時、1丁では足りないからだ。新聞記者は怖がって外に飲みにも行けず、小便も一人で行けないというくらいビビッていた。仕方がないから、俺がトイレに付いていっていってやった。

このブラジル滞在中にヒクソンの奥さんがプロモートした大会に、山川が出場することになった。10月22日、リオデジャネイロで開催される『バーリ・トゥード・ブラジル・オープン』である。

俺たちは試合に出るためにブラジルに来ていたわけではなかったが、現地に着いてから急遽オファーが来た。若い山川が初めての他流試合に臨むことになり、相手はタイ人のムエタイ選手のブンシマ・ローンに決まった。残念ながら、山川は敗れたが、本人にとってはいい経験になったはずである。この時、会場でヒクソンとも会ったのだが、「この選手が本当に強いのか⁉」と思ったほど小さかった。

ブラジル修行から日本に戻って間もなく、12月に予定されていたバーリ・トゥード・ケージマッチの中止が決まった。理由は聞いていないが、おそらく小鹿さんはこの路線はビジネスにならないと判断したのではないか。この後、大日本は再びデスマッチ路線に戻っていく。

時間が来たら大きな風船が爆発し、中に入っていた3万個の画鋲が上から降ってくる『風船画鋲時限爆弾ストリートファイトタッグ・デスマッチ』。リングに高さ3メートルの建築現場の足場を組んで、その上から落とすとフォールの権利が発生する『トップラダーフリーフォールダイビングストリートファイト・デスマッチ』。南米のアマゾン川から運んできた肉食魚のピラニアを水槽に入れ、それを挟んで戦う『アマゾンリバー・ピラニア・デスマッチ』――。

こうした妙ちきりんなデスマッチは、小鹿さんのアイディアだ。

「桜田、これはどうだ？　面白いだろ。お前は、どう思う？」

マスコミに発表する前に、小鹿さんはいつも自信満々で聞いてきた。そんな時、俺は「まあ、いいんじゃないですか」と素っ気なく返すだけだった。これは相談ではなく、小鹿さんの中でやると決めている。よっぽどではない限り、俺は適当に相槌を打っていた。

あの頃はもうかなりの多団体時代になっていたから、大日本も独自のカラーが必要だった。バーリ・トゥード路線を諦め、この路線で行くからには他の団体のデスマッチと違うものを見せていかなければいけない。

とはいえ、俺は決してデスマッチが好きなわけではない。ただし、大日本が生き残っていくには、そういうことをやっていくのも必要だと思っていた。ただし、小鹿さんは自分がリングに上がる時は痛くないようにTシャツを3枚も4枚も重ね着する。やることがセコイのは、昔からだ。

デスマッチ路線と並行して、新日本プロレスとの絡みも生まれた。

96年6月30日、横浜アリーナにて力道山OB会主催による『メモリアル力道山』という興行が開かれた。この大会には新日本や全日本をはじめ男女を問わず多くの団体が協力し、大日本もケンドー・ナガサキ&山川征二vs中牧昭二&たにぐちゆういちというカードを提供した。

この日、メインに出た長州は試合後に「俺から言わせれば、あんなものはプロレスではない」と、この大会に出場したインディー団体を批判した。この発言に小鹿さんが噛みつき、その流れから翌97年1月4日、東京ドームで全面対抗戦を行うことになる。

この日は、新日本vs大日本の対抗戦が4試合組まれた。カードは大谷晋二郎vs田尻義博、後藤達俊vsケンドー・ナガサキ、蝶野正洋vs中牧昭二、マサ斎藤vsグレート小鹿である。俺の相手の後藤は、かつてノースカロライナで面倒を見た選手だ。

当時、長州のインディー批判は物議を醸したが、俺は日プロの出身で海外を渡り歩き、全日本でも新日本でも仕事をしてきたから、格下扱いされる言われはない。これは団体の面子をかけた対抗戦である。ならば、それに見合った仕事をするまでだ。

開始のゴングが鳴ると、俺はグラウンドに持ち込み、こういうこともできるということを新日本のファンに見せてから、場外戦で後藤をイスで滅多打ちにした。セコンドの齋藤彰俊もイスで殴り、敵は全員やっつけるという意思を示したのも対抗戦ということを意識したからである。最後はイスの上へのパイルドライバーで3カウントを奪ったが、殺伐とした空気を出すことはできたと思っている。

後藤は昔から俺を知っているからビビッていた部分もあると思うが、あいつも対抗戦だから返すところは返してきた。プロとしてお客が望む試合をやったら、ああいう試合になったというまでだ。

ただし、この後の中牧と小鹿さんの試合がまったく話にならなかった。若い田尻は頑張っていたし、俺は殺気を見せた。しかし、後ろの2つがまったくダメだったことから、新日本との対抗戦路線は長続きしなかった。

後日談だが、この東京ドーム大会に出たことで大日本には1000万円以上のギャラが振り込まれたようだ。当時、新日本の取締役だった永島勝司氏からは「小鹿に金をいっぱい渡してあるから、楽しみにしておけよ」と言われたし、田尻も長州から「ドームの後はボーナスが出るぞ」と言われたという。

ところが、実際に俺がもらったギャラは僅か20万円だった。それでもまだマシな方で、中牧は10万円、田尻に至ってはたったの5万円である。

1000万円近い金をもらっておきながら、小鹿さんは5分も試合をしていないのにギャラのほとんどを独り占めしたのだ。俺たちにはいくら振り込まれたかは言わず、自分は車を買い替えて、高そうな外車を乗り回していた。

新日本との対抗戦で幕を開けた97年の大日本には、いろいろな団体から選手がやってきた。石川隆士の石川一家、冬木弘道の冬木軍、ターザン後藤らの真FMW。団体の若手も山川をはじめ、シャドウWX、小林源之助（アブドーラ小林）、本間朋晃らが台頭してきた。ジュニアは田尻、藤田穣（ミノル）が中心となって、みちのくプロレスやバトラーツとの交流も盛んになった。

団体内に新たな力が育ち始めた一方、98年6月8日、伊勢崎市民体育館でのケンドー・ナガサキ&小林源之助vs高木功&河原修（太刀光）戦を最後に俺は大日本を退団することになる。

マスコミ各社にFAXでフリーランスになったことが伝えられ、退団理由は「気力、体力的に1シリーズ通して動くのが辛くなった」というものだったらしい。

もちろん、これは俺の本心ではない。会社の人間…おそらく登坂が勝手にやったことだ。先にも触れたように大日本は小鹿さんから相談を受けて、俺と小鹿さん、登坂の3人で始めた会社だ。しかし、あいつらは俺を外したかったのだろう。

ある日、次のシリーズの取組表を見ると、全日程で俺は真ん中を取るカードになっていた。登坂に「誰が決めたんだ?」と聞くと、「小鹿さんです」と恐る恐る返事をした。

しかし、小鹿さんは細かいマッチメークはしていなかったから、これは登坂の判断で決めたはずだ。将来的な世代交代は必要としても、物事には順序や筋というものがある。それを無視して俺を外そうと考えていたことに腹が立ち、「お前がやったんだろう!」

と登坂をぶん殴った。一緒に団体を始めたはずなのに、小鹿さんと登坂は俺を弾くことを決めたのだ。理由は簡単である。俺の給料が高かったからだ。

大日本で俺は月100万円くらい給料を取っていたし、中牧も同様だ。俺たち2人は給料が高いから、会社にとって邪魔な存在だったのだろう。若い奴らは、安いギャラで思うように使うことができる。あの2人は、大日本をそういう体制にしていこうと考えたのだ。

事務所や道場を借りるための資金を用意し、さらに洗濯機やテーブルからリングまでNOWのものを持ってきて、道場の練習器具も全部俺が揃えたものだ。金を借りるにしても、俺の知り合いを紹介した。あいつらは一銭も出していないのに、やり方が汚なすぎる。小鹿さんが指示したのか、それとも登坂が自分で考えたのか。いずれにしても、この2人とはもう顔を合わせることもないだろう。そういえば、最近になって小鹿さんからフェイスブックの友達申請が来たが、もちろんペケしてやった。

大日本プロレスを退団後、98年10月31日に小田原市川東タウンセンターで俺はたにぐちゆういちと2人だけでNEW NOWを旗揚げした。その後は、フリーとしていくつかの団体に上がった。

最後の試合がいつだったかは、記憶にない。明確に引退宣言はしていないが、試合をやらなくなったら俺はそれが引退だと思っている。

不整脈で心臓の手術をしたから、もうプロレスはできない。仮にリングに上がったとしても、思い通りに動くことはできないはずだ。今までの自分のように動けないなら、試合をやるべきではないというのが俺の考えだ。

ラストマッチの日付も場所も対戦相手もわからないというのも、俺らしくていいのではないだろうか。

あとがき――プロレスは「最高の仕事」だった

近年、俺はフェイスブックをやっている。そうすると、海外からたくさんの友達申請が来る。かつて対戦したレスラー、俺の試合を観ていたというファン。世界中から、そんな人たちのメッセージが届くのだ。

俺が鎖骨をケガした時の相手だったジョニー・マンテル、フロリダでケンドー・ナガサキのマネージャーだったJ・J・ディラン、カルガリーで練習をつけてやったブレット・ハート、ダラス時代に乗っていた車を譲ってやったジェイク・ロバーツ…他にもバディ・コルト、アンジェロ・モスカ、アーン・アンダーソンなど多くのレスラーとフェイスブックで今でも「友達」だ。

亡くなったビル・ロビンソンやブラックジャック・マリガンとも繋がっていたし、マリガンの息子のバリー・ウィンダム、ケンドール・ウィンダムからも友達申請が来た。もちろんレスラーだけでなく、プエルトリコで付き合っていた女ともフェイスブックで再会を果たし、「ケンドー、元気?」と電話もかかってきた。今はこうやってSNSで遠くに離れた人と繋がることができる。本当に便利な時代になったものだ。

だから、こっちからは一人もリクエストを出していないのに、俺はフェイスブックで千数百人の友達がいる。その中の一人が現在WWEで活躍しているASUKAだ。

彼女がまだ華名というリングネームで日本にいた頃、レッスル夢ファクトリーやプロレスリング・ナイトメアにいた死神に頼まれて練習を見てやったことがある。死神たちが練習をしていた埼玉の道場で何度か指導したのだが、その場にいた女子レスラーは彼女だけだった。

彼女の試合を見たこともなかったし、どんな選手なのかもわからなかったが、教えたことは何でもわりとすぐにできた。その覚えの良さが印象に残っていたが、まさか数年後にニューヨークへ行って成功するほどの選手になるとは思いもしなかった。

長い間プロレスをやってきたからこそ、俺は世界中に知り合いがいるし、若い人間とも知り合う機会がある。これは俺にとって財産のひとつだろう。

俺にとって、プロレスは仕事だ。第1章で書いたように父も祖父も網走刑務所の刑務官だった。普通に暮らしていたら、俺も同じ職に就いていたはずだ。もしも刑務官になっていたら朝は6時に起き、刑務所に行って囚人たちを監視し、17時には仕事が終わって官舎に帰る。そんな生活だったろう。網走から出ることは、ほとんどなかったはずだ。

確かに給料は安定していて、老後にもらえる年金もいいかもしれない。だが、それは俺の望む生き方ではなかった。せっかく大きな身体に生まれたからには、何かにチャレンジしたいという気持ちがあった。だから、相撲の世界に飛び込み、プロレスラーにもなった。別に有名になりたいという気持ちはなかった。そういうものは、後から付いてくるものだと思っている。とにかくチャレンジすることが俺の中で大事だった。

考えてみれば、プロレスは大変なことだらけだった。日本プロレスに入った早々に団体が傾き、移籍を余儀なくされた。全日本プロレスでは外様として、なかなかチャンスに恵まれない日々が続いた。しかし、海外に出てからは、楽しいことがたくさんあった。

車に乗って、知っている人間が誰もいない土地へ行く。試合が終われば、長距離ドライブでまた移動だ。そんな日々の繰り返しは、ひとつの場所に留まっている人生よりも何倍も刺激に満ちたものだった。まさかこんなに長くアメリカで生活することになるなんて思いもしなかった。日本で求められないのなら、自分を必要としてくれるところで仕事をするだけだ。海外は自分の実力次第で、生きる道はいくらでもあった。

プロレスは、夢でもロマンでもない。俺にとっては、あくまでも生きていくために必要な仕事だった。プロレスをやって一番良かったのは、金を稼げたことだ。

俺は引退試合をやるつもりはない。もちろん、やろうと思えばできないこともないだろう。だが、自分のことは自分が一番わかっている。思うような力を出せないということは、プロレスラーとしての命は詰んでいるということだ。引退試合ができるくらいなら、おそらく現役を続けている。相撲取りは引退興行をやっても、自分は相撲を取らない。そういう感覚に近いかもしれない。

俺は今までヒールとして暴れ回ってきた。お客はそういう俺を求めているはずだし、そのためにお金を払って観に来てくれる。望まれているような試合ができなかったら、失望させてしまうだけだ。中途半端な姿を見せることは、自分でも許せない。

年を食ってもリングに上がり続ける――。それもある種の美学かもしれないが、俺の中ではお客に対しての裏切りであり、自分に対しての裏切りだ。プロレスは趣味ではなく仕事なのだから、いい仕事ができないなら、やってはいけないというのが俺の考えだ。

特別な区切りは必要ない。プロレスは、俺にとって天職だった。そして、俺はプロとして自分の仕事を全うしたと思っている。それは最高に面白く、刺激的で、人生を満たしてくれた仕事だった。

PROFILE

ケンドー・ナガサキ／本名＝桜田一男（さくらだ・かずお）。1948年９月26日、北海道網走市出身。身長188cm、体重120kg。中学卒業後、大相撲・立浪部屋に入門。1971年に日本プロレスへ入門。同年６月27日に戸口正徳戦でデビュー。日プロ崩壊後、全日本プロレスに合流。76年から海外遠征に出発し、81年にケンドー・ナガサキに変身。90年にＳＷＳ旗揚げに参画し、その後はＮＯＷ、大日本プロレスなどを渡り歩いた。

G SPIRITS BOOK Vol.8

ケンドー・ナガサキ自伝

2018年５月20日　初版第１刷発行

著　者　桜田一男
編集人　佐々木賢之
発行人　廣瀬和二
発行所　辰巳出版株式会社
〒160-0022 東京都新宿区新宿2-15-14 辰巳ビル
TEL：03-5360-8064（販売部）
TEL：03-5360-8977（編集部）
印刷・製本　大日本印刷株式会社

編集　佐久間一彦（ライトハウス）
装丁　黄川田洋志（ライトハウス）
本文デザイン　井上菜奈美、藤本麻衣、石黒悠紀（ライトハウス）
編集協力　小佐野景浩（Office Maikai）、小泉悦次

Printed in Japan
ISBN 978-4-7778-1967-6